ENIR DE TA 6e

HOUETTES PHOTOS

TON PROF
LE PLUS SYMPA

TON PROF
LE MOINS SYMPA

TON PROF
LE PLUS BEAU

TON PROF
LE PLUS MOCHE
(TU PEUX LUI DESSINER DES VERRUES PURULENTES SUR LE VISAGE)

Le guide junior de la 6e

Scénario : GOUPIL - DOUYÉ
Dessin et couleurs : ÉRIC MILLER

Pour tout savoir sur *Les Guides en BD*, rendez-vous sur http://www.ventsdouest.com/guides/

Couvent Sainte-Cécile
37 rue Servan - 38000 Grenoble

www.ventsdouest.com

Dépôt légal : juin 2016
ISBN : 978-2-7493-0820-3 / 001
Achevé d'imprimer en France en mai 2016 par Pollina,L25179,
sur papier provenant de forêts gérées de manière durable.

PEFC 10-31-2065 / Certifié PEFC / pefc-france.org

À QUOI SERT CE GUIDE ?

À TE DONNER PLEIN D'INFOS SUR LA SIXIÈME.
AU CES, LA CPE EST ENTRÉE EN COURS DE SVT POUR NOUS PARLER DE CC ET CD, ON SE SERAIT CRU, AU CDI !
OH, TROP NUUUUL !
HEIN ?
QUOI ?
À VAINCRE TES ANGOISSES.
AAAARGH ! AU SECOURS, NINOU !
COOL MINO, COOL, C'EST POUR T'AIDER !
SI TU SURMONTES CETTE ÉPREUVE, PLUS RIEN NE TE FERA PEUR AU COLLÈGE !
À TE DONNER PLEIN DE CONSEILS.
IL PARAÎT QU'IL FAUT FAIRE MARCHER NOTRE TÊTE...
OUAIS, BIN C'EST SUPER DOULOUREUX !
À FAIRE DE TOI UN PARFAIT COLLÉGIEN.
C'EST QUOI CE LIVRE ?
LE GUIDE JUNIOR DE LA SIXIÈME.
ÇA A L'AIR BIEN ! TU ME LE PRÊTERAS ?
OUI... SI VOUS ME METTEZ DES BONNES NOTES !

LA SIXIÈME, C'EST QUOI ?

LA DÉFINITION OFFICIELLE

C'EST LA PREMIÈRE ANNÉE DU COLLÈGE.
TU VIENS PAS JOUER À "BIENVENUE AU COLLÈGE" ?
NON ! TROP DUR, ON VA METTRE 4 ANS À ATTEINDRE LE DERNIER NIVEAU.
C'EST ENVIRON 820 000 ÉLÈVES.
MAIS ON NE VA JAMAIS AVOIR ASSEZ DE PLACE EN CLASSE POUR S'ASSEOIR !
IDIOT ! C'EST 820 000 ÉLÈVES EN FRANCE !
C'EST UNE SOURCE D'ANGOISSE.
C'EST QUOI CE FILM D'HORREUR ?
UN DO... UN DODO... UN DOCUCU... UN DOCUMENTAIRE SUR LA SIXIÈME !
C'EST UN ÉVÉNEMENT TRÈS IMPORTANT DE TA VIE.
ET DE LA NÔTRE AUSSI !
MON BÉBÉ... ÇA PASSE TROP VITE... SNIF !
MRAOU
C'EST L'INCONNU.
OH LÀ LÀ, J'Y COMPRENDS RIEN À CE NOUVEAU MONDE !
COLLÈGE VICTOR HUGO
MAIS FINALEMENT, C'EST TROP CLASSE.
ÇA M'A TELLEMENT PLU QUE JE REDOUBLE !
MATHS – 0
FRANÇAIS 0,5
HIS-GÉO – 2
DESSIN – 3
SVT – 0
YEAH !
WOUAH, T'AS TROP DE LA CHANCE !

QU'EST-CE QUI CHANGE EN SIXIÈME ?

PLEIN DE CHOSES

CHANGEMENT N°1 : TU N'AURAS PLUS DE MAÎTRESSE...
GÉNIAL !
SUPER !
FORMIDABLE !
TROP BIEN !
...TU AURAS UNE DEMI-DOUZAINE DE PROFS !
UNE DEMI-DOUZAINE, ÇA FAIT COMBIEN ?
AU MOINS 8 !
8 POUR 30 ÉLÈVES ? C'EST ÉNORME !
CHANGEMENT N°2 : TU N'AURAS PLUS COURS DANS UNE CLASSE...
TROP FORT !
ON AURA COURS DEHORS ?
ON FAIT DU FOOT ?
MOI, JE VIENS À L'ÉCOLE EN MAILLOT DE BAIN !
...TU AURAS COURS DANS PLUSIEURS SALLES DIFFÉRENTES !
JE VAIS JAMAIS M'Y RETROUVER !
ILS ONT INTÉRÊT À NOUS DONNER UN PLAN !
JE M'EN FOUS, J'IRAI PAS !
PLUSIEURS SALLES, ET POURQUOI PAS PLUSIEURS PLANÈTES ?!!!
CHANGEMENT N°3 : TU AURAS PLUS DE DEVOIRS...
C'EST GÉNIAL !
SI JE M'ATTENDAIS À ÇA !
C'EST TROP SUPER TROP FORT !
VIVE LA 6e !
...ON N'A PAS DIT : "TU N'AURAS PLUS DE DEVOIRS", MAIS : "TU AURAS PLUS DE DEVOIRS". PLUS COMME +, TU COMPRENDS ?
QUOI ?
QU'EST-CE QUE C'EST QUE CETTE HISTOIRE ?
PAS QUESTION ! FAUT PAS EXAGÉRER !
ON N'EST PAS DES MACHINES !
REMBOURSEZ !

QU'EST-CE QUI EST LE PLUS COOL AU COLLÈGE ?

LA SORTIE ! HA HA HA !

SI TU N'AS PAS ENCORE DE TÉLÉPHONE MOBILE, TES PARENTS VONT SÛREMENT T'EN ACHETER UN.
ALLO !
POURQUOI TU RÉPONDS ?
BAH... PARCE QUE TU M'APPELLES !
TU ES EN COURS, TU NE DEVRAIS PAS RÉPONDRE !
EH BIEN, NE M'APPELLE PAS ALORS !
AVEC TON EMPLOI DU TEMPS, TU PEUX COMMENCER PLUS TARD OU FINIR PLUS TÔT.
QU'EST-CE QUE TU FAIS ?
ON NE COMMENCE PAS À 11 HEURES, AUJOURD'HUI ?
MAIS NON, ON FINIT À 11 HEURES !
TU VAS TE FAIRE PLEIN DE NOUVEAUX COPAINS.
J'AI 465 AMIS...
GLPS
NE COMPTE PAS SUR MOI POUR LES TRIMBALER EN VOITURE !
IL A 465 AMIS... SUR FACEBOOK !
TU NE SERAS PLUS CONSIDÉRÉ COMME UN BÉBÉ.
JE PEUX AVOIR UNE SUCETTE MOI AUSSI MAMAN, S'IL TE PLAIT ?
MAIS NON, VOYONS, LES SUCETTES, C'EST POUR LES PETITS !
J'AI PAS BEAUCOUP GRANDI, TU SAIS...
TU VAS APPRENDRE UNE LANGUE ÉTRANGÈRE.
ÇA ME TENTE BIEN CETTE MATIÈRE !
MOI AUSSI. JE VAIS DEMANDER À MA VOISINE DE CLASSE DE ME FAIRE RÉVISER...
LE SPORT DEVIENT UNE MATIÈRE À PART ENTIÈRE.
GNOUF !

LES BONNES RAISONS D'ALLER EN SIXIÈME

IL Y EN A 6...

PARCE QUE TU NE REDOUBLES PAS LE CM2.
COMME TU AS BIEN TRAVAILLÉ EN CM2, L'ANNÉE PROCHAINE TU VAS CHANGER DE CLASSE.
JE VAIS DANS UN AUTRE CM2 ?
PARCE QUE TES COPAINS ET COPINES Y VONT AUSSI.
TU FAIS QUOI APRÈS LE CM2 ?
JE FAIS UN VOYAGE AVEC MES PARENTS.
TU NE VAS PAS EN SIXIÈME ?
NON, C'EST TROP LOIN COMME PAYS, JE VAIS JUSTE AUX ÉTATS-UNIS.
PARCE QUE TU ES TROP JEUNE POUR TRAVAILLER.
TU ES CONTENT DE PASSER EN SIXIÈME ?
J'AI BIEN RÉFLÉCHI. JE VAIS D'ABORD CRÉER UNE ENTREPRISE DE JEUX VIDÉO ET JE FERAI MA SIXIÈME PLUS TARD, SI J'AI LE TEMPS.
PARCE QUE TES PARENTS NE VEULENT PAS QUE TU RESTES À LA MAISON SANS RIEN FAIRE.
NINOU, IL EST MIDI, TU ES EN RETARD POUR LA RENTRÉE !
T'INQUIÈTE M'MAN, JE PRENDS UNE ANNÉE SABBATIQUE !
PARCE QUE TU NE SAIS PAS ENCORE TOUT.
MINO, 4x3 ?
19 ?
C'EST BIEN CE QUE JE PENSAIS, TU DOIS CONTINUER L'ÉCOLE.
PARCE QUE TU AIMES L'ÉCOLE.
TU PASSES EN SIXIÈME !!!
GÉNIAL ! SUPER ! JE VAIS ENCORE APPRENDRE PLEIN DE CHOSES !
JE VAIS VOIR MES COPINES !
JE VAIS AVOIR DES PROFS !

DIFFÉRENTES SORTES DE SIXIÈME
LAQUELLE TU PRÉFÈRES ?

LA SIXIÈME STRICTE.
UNE DEUX UNE DEUX UNE DEUX UNE DEUX, GAAAARDE À VOUS !
LA SIXIÈME EXOTIQUE.
NOUS ALLONS MAINTENANT ÉTUDIER LA PÊCHE À LA LANGOUSTE...
EUH... ON VA PLUTÔT ÉTUDIER LA PÊCHE AU REQUIN !
Y'A COMBIEN DE "T" À LANGOUSTE, M'SIEUR ?
LA SIXIÈME URBAINE.
MINO, TU AS FAIT UNE FAUTE À "POLICE". TU ME LE COPIES CENT FOIS SUR LE MUR D'EN FACE, ÇA T'APPRENDRA L'ORTHOGRAPHE.
DESTROY LA POLISSE
LA SIXIÈME CAMPAGNARDE.
UN AGRICULTEUR POSSÈDE 62 VACHES DE 450 KG ET 3 TAUREAUX DE 820 KG...
COMBIEN DE VEAUX DE PLUS DE 100 KG AURA-T-IL AU BOUT D'UN AN ?
LA SIXIÈME À L'AVENTURE.
LE PREMIER QUI TRAVERSE LA RIVIÈRE SANS SE FAIRE MANGER PAR UN CROCODILE AURA 20 EN MATHS.
PRÊTS ?
LA SIXIÈME CLASSIQUE.
DRiiiiiNNGG
ON RANGE SES AFFAIRES ET ON SORT DANS LE CALME.

COMMENT NE PAS ALLER AU COLLÈGE ?

RIEN DE PLUS SIMPLE

DÉSAPPRENDS L'ORTHOGRAPHE.
TU NE CROIS PAS QUE TU AS FAIT UNE ERREUR, MINO ?
lai zoizo on dézaile
OUPS, J'AI OUBLIÉ QU'IL FALLAIT DEUX "Z" À ZOIZO.
OUBLIE LES MATHS.
8x8 ?
88 ?
...TRÈS BIEN, TU ME COPIERAS 88 FOIS LA TABLE DE 8 !
TROMPE-TOI EN GÉO.
TOULOUSE
STRASBOURG
LYON
LILLE
BREST
DIJON
PARIS
EXCELLENT MINO, VRAIMENT EXCELLENT !
FAIS DES ERREURS EN SCIENCES.
J'AI DÛ ME TROMPER DANS LES QUANTITÉS...
IGNORE L'HISTOIRE.
QUI EST NAPOLÉON ?
PFRRR
LE CHIEN DE MA GRAND-MÈRE !
0... 3... 2... 4... AVEC UN PAREIL CARNET DE NOTES, TU NE PASSERAS JAMAIS EN SIXIÈME...
HÉ HÉ ! BIEN JOUÉ !
NOTES
TU VAS MÊME RÉGRESSER EN CP !
AU SECOURS !

COMBIEN DE TEMPS DURE LA SIXIÈME ?

ÇA DÉPEND DE TOI

SI TU ES UN ÉLÈVE SURDOUÉ : ZÉRO JOUR.
NINOU S'ENNUIE EN CLASSE, NOUS PROPOSONS QU'ELLE PASSE DIRECTEMENT DU CM2 À LA CINQUIÈME.
ELLE A DÉJÀ SAUTÉ LA PETITE SECTION, LA GRANDE SECTION, LE CE1 ET LE CM1...
A. EINSTEIN LA RELATIVITÉ GÉNÉRALE
À CE RYTHME-LÀ, ELLE VA PASSER SON BAC À 12 ANS !
SI TU ES TRÈS BON ÉLÈVE : QUELQUES SEMAINES.
NOUS ENVISAGEONS DE FAIRE PASSER VOTRE ENFANT EN CINQUIÈME DÈS LE MOIS PROCHAIN.
DÉJÀ ? MAIS IL VIENT TOUT JUSTE D'ENTRER EN SIXIÈME !
PROGRAMME DE 6e DE A à Z
SI TU ES UN ÉLÈVE DANS LA MOYENNE : UN AN.
AH NON, JE NE RESTE PAS UN AN EN SIXIÈME...
DE SEPTEMBRE À JUIN, ÇA FAIT 10 MOIS, PAS QUESTION QUE JE RESTE UN JOUR DE PLUS !
SI TU AS DES DIFFICULTÉS : DEUX ANS.
TU VAS REDOUBLER TA SIXIÈME, AINSI TU POURRAS MIEUX APPRENDRE CE QUE TU N'AS PAS COMPRIS...
JE N'AI RIEN COMPRIS DE TOUTE L'ANNÉE !
SI TU AS DE TRÈS GROSSES DIFFICULTÉS : .... ANS (À remplir selon les cas).
J'AI PAS LE TEMPS, JE DOIS CHERCHER MON FILS À LA CRÈCHE !
TU VIENS AVEC NOUS ?

VISITONS LE COLLÈGE

SUIVEZ LE GUIDE... JUNIOR !

DANS LE COLLÈGE, IL Y A LES SALLES DE CLASSE.
QUI VEUT PARLER DES FRACTIONS ET DES POURCENTAGES ?
MOI !
MOINS FORT, TU VAS RÉVEILLER MINO !
ZZZZZ
ATTENTION, CE N'EST PAS TA CHAMBRE !
LES TOILETTES.
AU SECOURS, NINOU SE SENT MAL !
JE VAIS LUI FAIRE DU BOUCHE-À-BOUCHE !
ATTENTION, PASSEZ VOTRE CHEMIN !
LE C.D.I.
ARRÊTEZ !
DU CALME !
STOP !
ATTENTION, CE N'EST PAS LA CANTINE !
LA CANTINE.
VA CHERCHER DE LA PURÉE, JE MANQUE DE MUNITIONS.
JE RAPPORTE AUSSI DES PETITS-SUISSES !
ATTENTION, CE N'EST PAS LA COUR DE RÉCRÉ !
LA COUR DE RÉCRÉ.
BUUUUT !
KLING
ATTENTION, CE N'EST PAS LE TERRAIN DE SPORT !
LE TERRAIN DE SPORT.
UNE DEUX, UNE DEUX ! ALLEZ, DU NERF, PLUS VITE !
C'EST PAS DU SPORT, C'EST UN ENTRAÎNEMENT COMMANDO !
VIVEMENT QU'ON RENTRE EN CLASSE !

À QUOI SERVENT LES SURVEILLANTS ?
À SURVEILLER, QUELLE QUESTION !

LE (LA) SURVEILLANT(E) VEILLE SUR TA SÉCURITÉ.
MINOOO ! DESCENDS DE LÀ !
JE NE VAIS PAS ME FAIRE MAL !
SI TU NE DESCENDS PAS TOUT DE SUITE, C'EST MOI QUI VAIS TE FAIRE MAL !
LE (LA) SURVEILLANT(E) EMPÊCHE LES BAGARRES.
IL M'A PIQUÉ MES MES CHEWING-GUMS À LA FRAISE !
J'AIME PAS LE PARFUM FRAISE !
VOUS N'ALLEZ PAS VOUS BATTRE POUR ÇA... MINO, TU T'EXCUSES ET DEMAIN, TU ACHÈTERAS À BORIS DES CHEWING-GUMS À LA MENTHE...
TU AIMES LA MENTHE BORIS ?
LE (LA) SURVEILLANT(E) CONTRÔLE LES ABSENCES ET LES RETARDS.
JE NE COMPRENDS PAS, MONSIEUR LE DIRECTEUR, TOUS LES ÉLÈVES SONT ABSENTS...
... NOUS SOMMES DIMANCHE ? VOUS ÊTES SÛR ?
LE (LA) SURVEILLANT(E) FAIT RESPECTER LE RÈGLEMENT.
TU NE SAIS PAS LIRE ?
RÈGLEMENT DE LA VIE AU COLLÈGE
Art. 8 : IL EST INTERDIT DE TÉLÉPHONER DANS LE COLLÈGE.
CHUUT ! VOUS VOYEZ BIEN QUE JE SUIS EN LIGNE !
LE (LA) SURVEILLANT(E) SURVEILLE LES PERMANENCES.
M'SIEUR ! ARISTOTE, IL EST NÉ AVANT OU APRÈS ALEXANDRE LE GRAND ?
JE N'EN SAIS RIEN, JE NE CONNAIS PAS TOUS LES ÉLÈVES DU COLLÈGE !
LE (LA) SURVEILLANT(E) ORGANISE LA VIE SCOLAIRE.
JE VOUS AI ATTRIBUÉ À CHACUN UN CASIER POUR RANGER VOS LIVRES, PAS POUR FAIRE UN GARDE-MANGER.
À QUI EST CE CASIER ?
BISCUITS
29
PFRRR

COMMENT SE PRÉPARER ?

PRÉPARATION INTENSE EN PERSPECTIVE

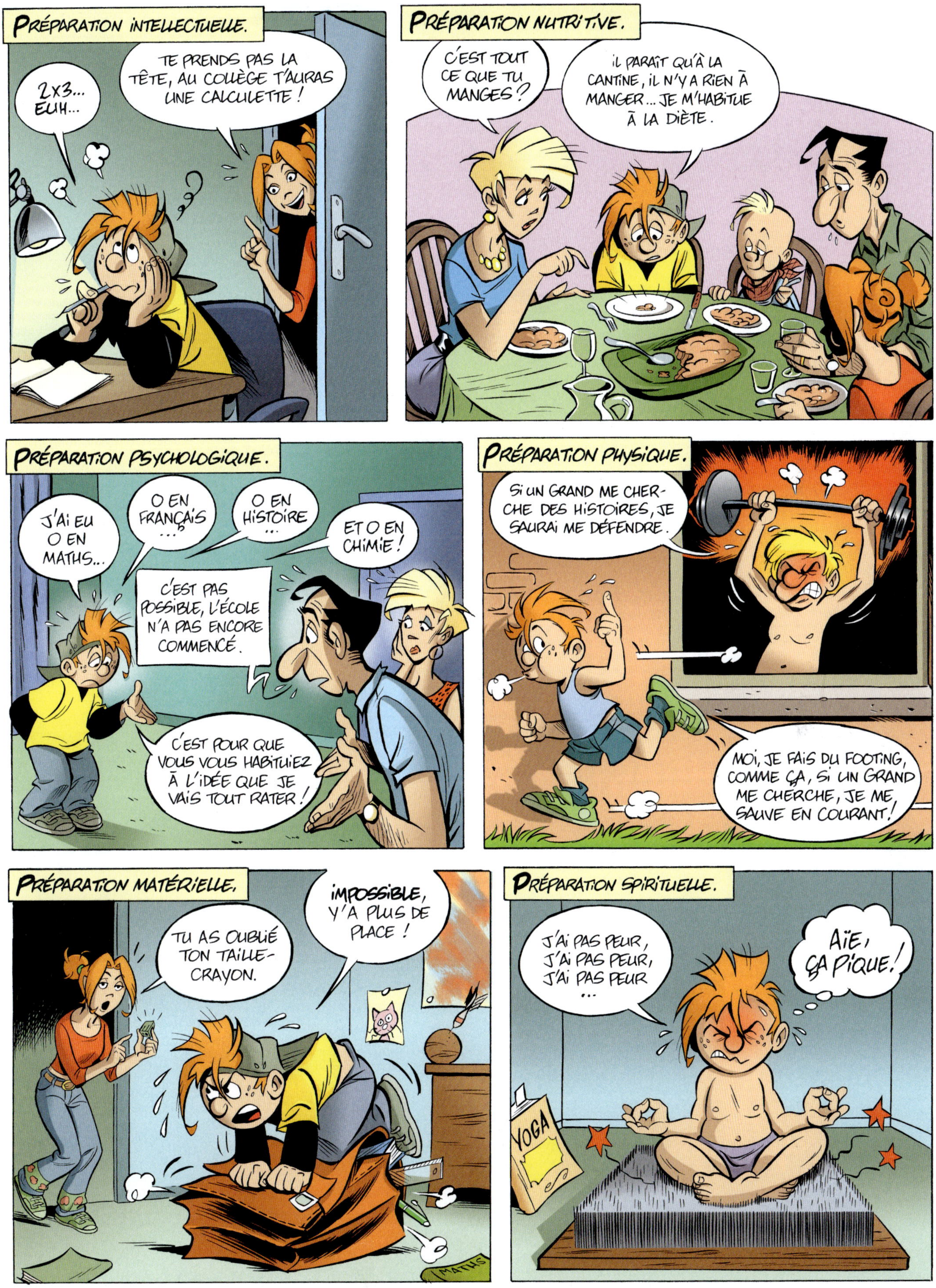

PRÉPARATION INTELLECTUELLE.
2x3... EUH...
TE PRENDS PAS LA TÊTE, AU COLLÈGE T'AURAS UNE CALCULETTE !
PRÉPARATION NUTRITIVE.
C'EST TOUT CE QUE TU MANGES ?
IL PARAÎT QU'À LA CANTINE, IL N'Y A RIEN À MANGER... JE M'HABITUE À LA DIÈTE.
PRÉPARATION PSYCHOLOGIQUE.
J'AI EU 0 EN MATHS...
0 EN FRANÇAIS ...?
0 EN HISTOIRE ...
ET 0 EN CHIMIE !
C'EST PAS POSSIBLE, L'ÉCOLE N'A PAS ENCORE COMMENCÉ.
C'EST POUR QUE VOUS VOUS HABITUIEZ À L'IDÉE QUE JE VAIS TOUT RATER !
PRÉPARATION PHYSIQUE.
SI UN GRAND ME CHERCHE DES HISTOIRES, JE SAURAI ME DÉFENDRE.
MOI, JE FAIS DU FOOTING, COMME ÇA, SI UN GRAND ME CHERCHE, JE ME SAUVE EN COURANT !
PRÉPARATION MATÉRIELLE.
TU AS OUBLIÉ TON TAILLE-CRAYON.
IMPOSSIBLE, Y'A PLUS DE PLACE !
MATHS
PRÉPARATION SPIRITUELLE.
J'AI PAS PEUR, J'AI PAS PEUR, J'AI PAS PEUR ...
AÏE, ÇA PIQUE !
YOGA

CE QUI T'ATTEND LE PREMIER JOUR

LES 7 GRANDES ÉTAPES DE LA JOURNÉE...

ÉTAPE 1 : TU AS PEUR (C'EST NORMAL).
C'EST PAS POSSIBLE !
J'VEUX PAS Y ALLER, J'VEUX RETOURNER AU CM2 !
ALORS, J'VEUX RETOURNER AU CM1 !
ÉTAPE 2 : TU RETROUVES TES COPAINS.
BASTIEN ! J'AVAIS PEUR QUE TU NE SOIS PAS AVEC MOI !
MOI AUSSI, J'AVAIS TROP PEUR.
ON NE SE QUITTE PLUS !
JUSQU'AU BAC !
ÉTAPE 3 : IL Y A PLEIN D'ÉLÈVES QUE TU NE CONNAIS PAS.
ILS ONT UNE DRÔLE DE TÊTE !
SI ÇA SE TROUVE, ILS DISENT LA MÊME CHOSE DE NOUS !
POURQUOI ILS DIRAIENT ÇA ? ON N'A PAS UNE DRÔLE DE TÊTE, NOUS !
ÉTAPE 4 : TU ES ACCUEILLI PAR :
- LE DIRECTEUR
- LA CPE
- DES PROFS
- UN SURVEILLANT
- LE CHIEN DU CONCIERGE QUI PASSAIT PAR LÀ.
VAS-Y, TOI !
TOI D'ABORD.
NON, NON, À TOI LA PRIORITÉ.
ÉTAPE 5 : TU REÇOIS TON EMPLOI DU TEMPS.
EMPLOI DU TEMPS 6e B
L M M J V S
J'AI BIEN PEUR QUE CE NE SOIT PAS UN OUBLI, ILS N'ONT PAS DU TOUT PRÉVU QU'ON JOUE !
ILS ONT OUBLIÉ DE MENTIONNER À QUELLE HEURE ON JOUE !
ÉTAPE 6 : ON TE DISTRIBUE DES LIVRES.
ET Y'A MÊME PAS UNE BD !
MATHS
ÉTAPE 7 : TES PARENTS VONT TE QUESTIONNER.
COMMENT ÇA S'EST PASSÉ ?
LA CANTINE EST BONNE ?
ILS SONT SYMPAS TES PROFS ?
FAIS VOIR TON EMPLOI DU TEMPS !
TU AS DES DEVOIRS ?

DE QUOI AS-TU PEUR ?

AU SECOURS !!!

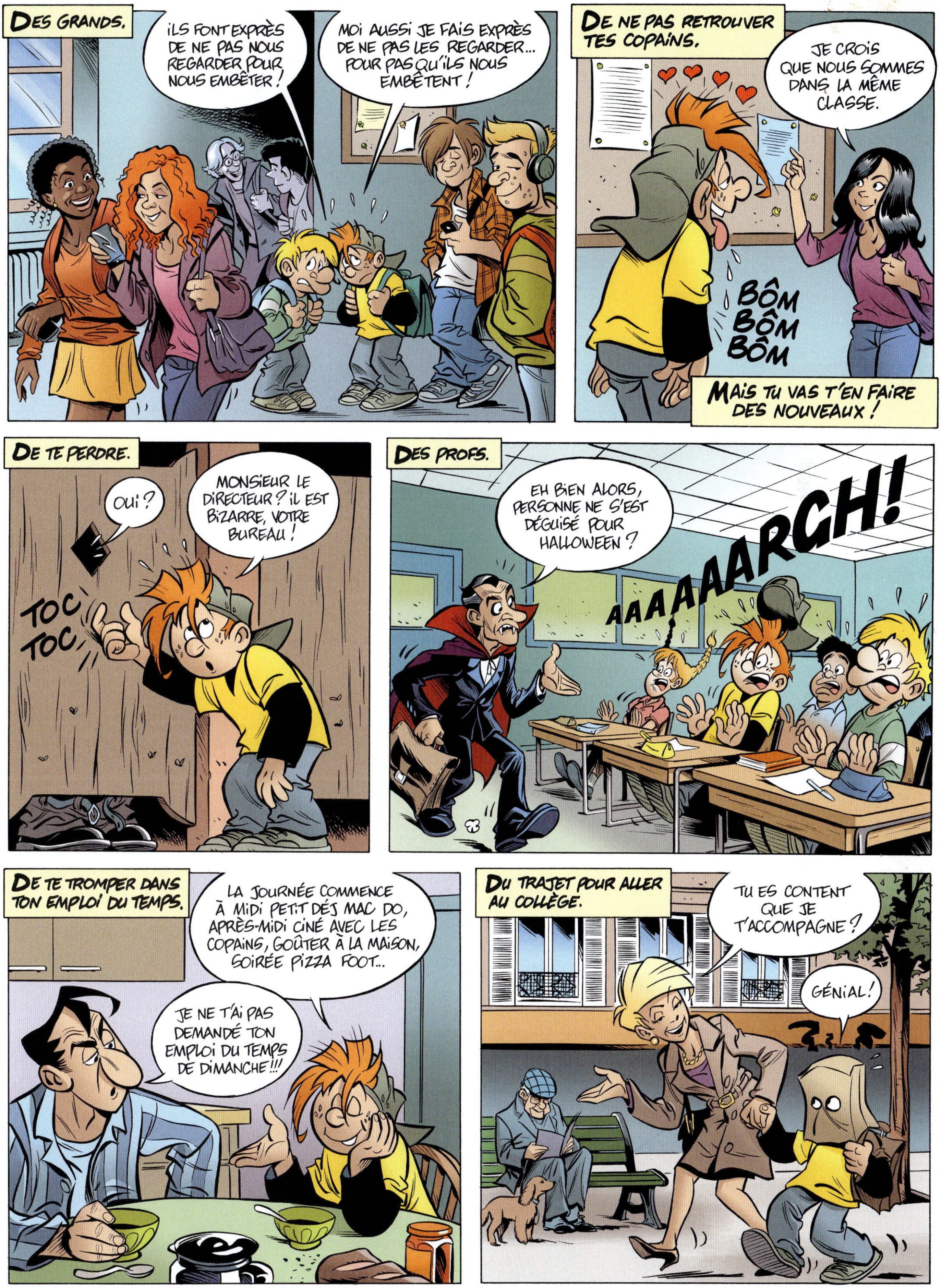
DES GRANDS.
ILS FONT EXPRÈS DE NE PAS NOUS REGARDER POUR NOUS EMBÊTER !
MOI AUSSI JE FAIS EXPRÈS DE NE PAS LES REGARDER... POUR PAS QU'ILS NOUS EMBÊTENT !
DE NE PAS RETROUVER TES COPAINS.
JE CROIS QUE NOUS SOMMES DANS LA MÊME CLASSE.
BÔM BÔM BÔM
MAIS TU VAS T'EN FAIRE DES NOUVEAUX !
DE TE PERDRE.
OUI ?
MONSIEUR LE DIRECTEUR ? IL EST BIZARRE, VOTRE BUREAU !
TOC TOC
DES PROFS.
EH BIEN ALORS, PERSONNE NE S'EST DÉGUISÉ POUR HALLOWEEN ?
AAAAAARGH!
DE TE TROMPER DANS TON EMPLOI DU TEMPS.
LA JOURNÉE COMMENCE À MIDI PETIT DÉJ MAC DO, APRÈS-MIDI CINÉ AVEC LES COPAINS, GOÛTER À LA MAISON, SOIRÉE PIZZA FOOT...
JE NE T'AI PAS DEMANDÉ TON EMPLOI DU TEMPS DE DIMANCHE !!!
DU TRAJET POUR ALLER AU COLLÈGE.
TU ES CONTENT QUE JE T'ACCOMPAGNE ?
GÉNIAL !

LES ANGOISSES DES PARENTS...

ILS SONT PIRES QUE TOI !

ILS ONT PEUR QUE TU SOIS EN RETARD.
DEBOUT, C'EST L'HEURE ! IL FAUT TE PRÉPARER !
MAIS MAMAN, IL EST À PEINE QUATRE HEURES !!
03:50
QUATRE HEURES DÉJÀ ? VITE, VITE, VITE !
PEUR QUE TU TE TROMPES DANS TON EMPLOI DU TEMPS.
TU ES SÛR QUE TU N'AS PAS MATHS EN PREMIÈRE HEURE ?
JE VAIS TÉLÉPHONER AU DIRECTEUR, ON NE SAIT JAMAIS.
ÇA FAIT TROIS FOIS QUE TU VÉRIFIES MAMAN !
NUTS
PEUR QUE TU OUBLIES TES AFFAIRES D'ÉCOLE.
C'EST QUOI CES MENOTTES ? C'EST UNE NOUVELLE MODE ?
?
LE NOUVEAU PLAN DE MA MÈRE POUR QUE JE N'OUBLIE PAS MON CARTABLE !
COMMENT TU VAS FAIRE POUR LA PISCINE ?
JE VAIS COULER !
JULIE
PEUR QUE TU TE FASSES EMBÊTER PAR LES GRANDS.
MANGE MON CHÉRI, MANGE !
J'EN AI DÉJÀ PRIS QUATRE BOLS, MAMAN !
MINO
C'EST BON LA SOUPE, ÇA FAIT GRANDIR !
PEUR QUE TU TE PERDES DANS LE COLLÈGE.
C'EST BON MAMAN, JE SAIS OÙ EST LA SALLE DE FRANÇAIS, TU PEUX ME LAISSER !
ON VERRA LE TRIMESTRE PROCHAIN, POUR L'INSTANT JE PRÉFÈRE T'ACCOMPAGNER.
PEUR QUE TU NE COMPRENNES RIEN.
"Si les enfants de moins de 7 ans paient 25 % moins cher que les enfants de moins de 14 ans qui paient 30 % de moins que les adultes, calculez combien coûte un aller-retour pour 2 adultes et 2 enfants…"
MATHS
TU ES SÛR QUE C'EST UN EXERCICE DE 6e, ÇA ?

QUEL CARTABLE PRENDRE ?

EN AVANT POUR LE SHOPPING !

LE CARTABLE À ROULETTES. AVANTAGE : PRATIQUE POUR TRIMBALLER TES DOUZE TONNES DE MATÉRIEL.
LES ROULETTES DE MON CARTABLE SONT CASSÉES, MON PÈRE A TROUVÉ CETTE SOLUTION DE REMPLACEMENT.
INCONVÉNIENT : CE N'EST PAS TRÈS STYLÉ !
LE SAC À DOS. AVANTAGE : IL DONNE UN LOOK DE BAROUDEUR.
MINO ? ON PEUT SAVOIR CE QUE VOUS FAITES ?
JE NE SUIS PAS MINO, JE SUIS INDIANA JONES !
INCONVÉNIENT : TU N'ES PAS UN BAROUDEUR !
LE SAC À MAIN. AVANTAGE : TRÈS ÉLÉGANT.
TU AS TES COURS DE MATHS ?
NON...
LE FRANÇAIS ?
NON PLUS...
TU AS QUOI ?
UN TUBE DE ROUGE À LÈVRES !
INCONVÉNIENT : IL NE CONTIENT PAS GRAND-CHOSE.
LE SAC PLASTIQUE. AVANTAGE : TRÈS ÉCONOMIQUE.
ZUT, J'AI PRIS LE SAC DE COURSES DE MA MÈRE !
COOL, DU SAUCISSON !
INCONVÉNIENT : C'EST MOCHE !
LA VALISE. AVANTAGE : TU VAS TE CROIRE EN VACANCES.
IL TE FAUT UNE SI GROSSE VALISE POUR TES AFFAIRES D'ÉCOLE ?
J'AI ÉGALEMENT UN PYJAMA, MON CHANGE POUR DEMAIN ET UNE BROSSE À DENTS AU CAS OÙ JE SOIS COLLÉ CE SOIR !
3
INCONVÉNIENT : L'ÉCOLE, CE N'EST PAS DES VACANCES !

COMBIEN PÈSE LE CARTABLE ?

SORS LA BALANCE ET LA CALCULETTE

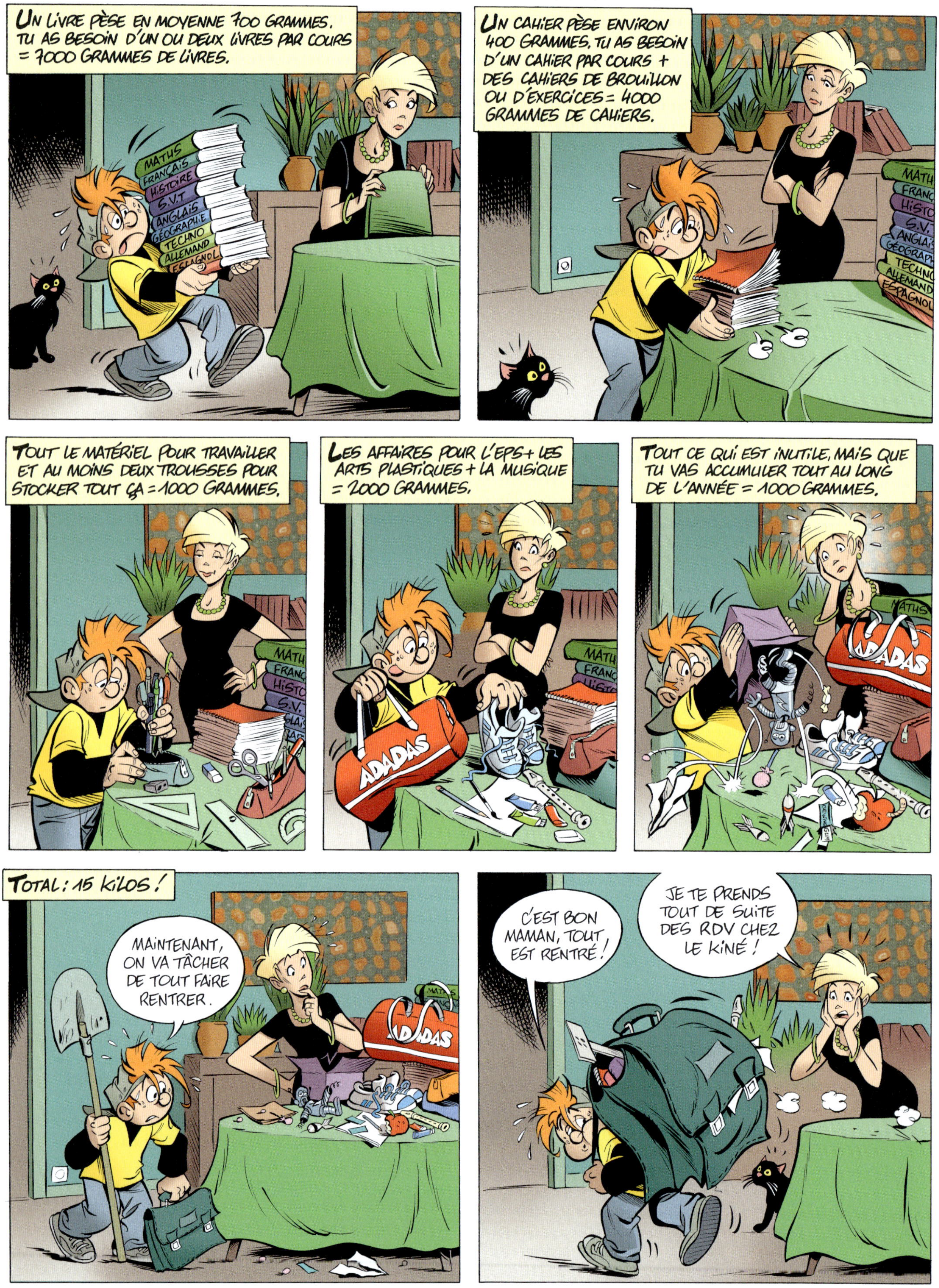

UN LIVRE PÈSE EN MOYENNE 700 GRAMMES. TU AS BESOIN D'UN OU DEUX LIVRES PAR COURS = 7000 GRAMMES DE LIVRES.
MATHS
FRANÇAIS
HISTOIRE
S.V.T
ANGLAIS
GÉOGRAPHIE
TECHNO
ALLEMAND
ESPAGNOL
UN CAHIER PÈSE ENVIRON 400 GRAMMES. TU AS BESOIN D'UN CAHIER PAR COURS + DES CAHIERS DE BROUILLON OU D'EXERCICES = 4000 GRAMMES DE CAHIERS.
TOUT LE MATÉRIEL POUR TRAVAILLER ET AU MOINS DEUX TROUSSES POUR STOCKER TOUT ÇA = 1000 GRAMMES.
LES AFFAIRES POUR L'EPS + LES ARTS PLASTIQUES + LA MUSIQUE = 2000 GRAMMES.
ADADAS
TOUT CE QUI EST INUTILE, MAIS QUE TU VAS ACCUMULER TOUT AU LONG DE L'ANNÉE = 1000 GRAMMES.
TOTAL : 15 KILOS !
MAINTENANT, ON VA TÂCHER DE TOUT FAIRE RENTRER.
C'EST BON MAMAN, TOUT EST RENTRÉ !
JE TE PRENDS TOUT DE SUITE DES RDV CHEZ LE KINÉ !

7 EXCUSES À TESTER SI TU ARRIVES EN RETARD

TU NOUS DIRAS SI ELLES SONT EFFICACES

EXCUSE N°1
C'EST LA FAUTE À MA MÈRE, ELLE NE S'EST PAS RÉVEILLÉE !
TU DIRAS À TA MÈRE QU'ELLE VIENNE ME VOIR, JE VAIS LUI APPRENDRE CE QUE C'EST QU'UN RÉVEIL !
GLPS !
EXCUSE N°2
LE BUS A EU UNE PANNE D'ESSENCE, J'AI FINI LE TRAJET À PIED !
JE SUIS CREVÉE !
VA TE REPOSER DANS LE BUREAU DU PROVISEUR !
EXCUSE N°3
ÇA FAIT UNE HEURE QUE JE SUIS LÀ ET VOUS NE M'AVEZ MÊME PAS VU !
JE SUIS INVISIBLE OU QUOI ?
TU VOIS ÇA ? C'EST UNE PUNITION INVISIBLE !
EXCUSE N°4
IL VAUT MIEUX ÊTRE EN RETARD ET BIEN TRAVAILLER QU'ÊTRE À L'HEURE ET NE RIEN FAIRE !
SAUF QUE TOI, TU ES EN RETARD ET TU NE FAIS RIEN !
EXCUSE N°5
MA PETITE SOEUR EST MALADE.
JE CROYAIS QUE C'ÉTAIT UNE GRANDE SOEUR QUE TU AVAIS ?
MAINTENANT, ELLE EST PETITE, C'EST POUR ÇA QU'ELLE EST MALADE !
EXCUSE N°6
C'EST DARK VADOR QUI M'A EMPÊCHÉ DE SORTIR DE LA MAISON !
QUI C'EST CE VADOR ?
VA LE CHERCHER QUE JE LUI DISE DEUX MOTS !
EXCUSE N°7
NOUS NE SOMMES PAS EN RETARD, C'EST VOUS QUI ÊTES EN AVANCE !
PARFAITEMENT !

LES TENUES À ÉVITER EN SIXIÈME

EN ROUTE POUR LE DÉFILÉ DE MODE

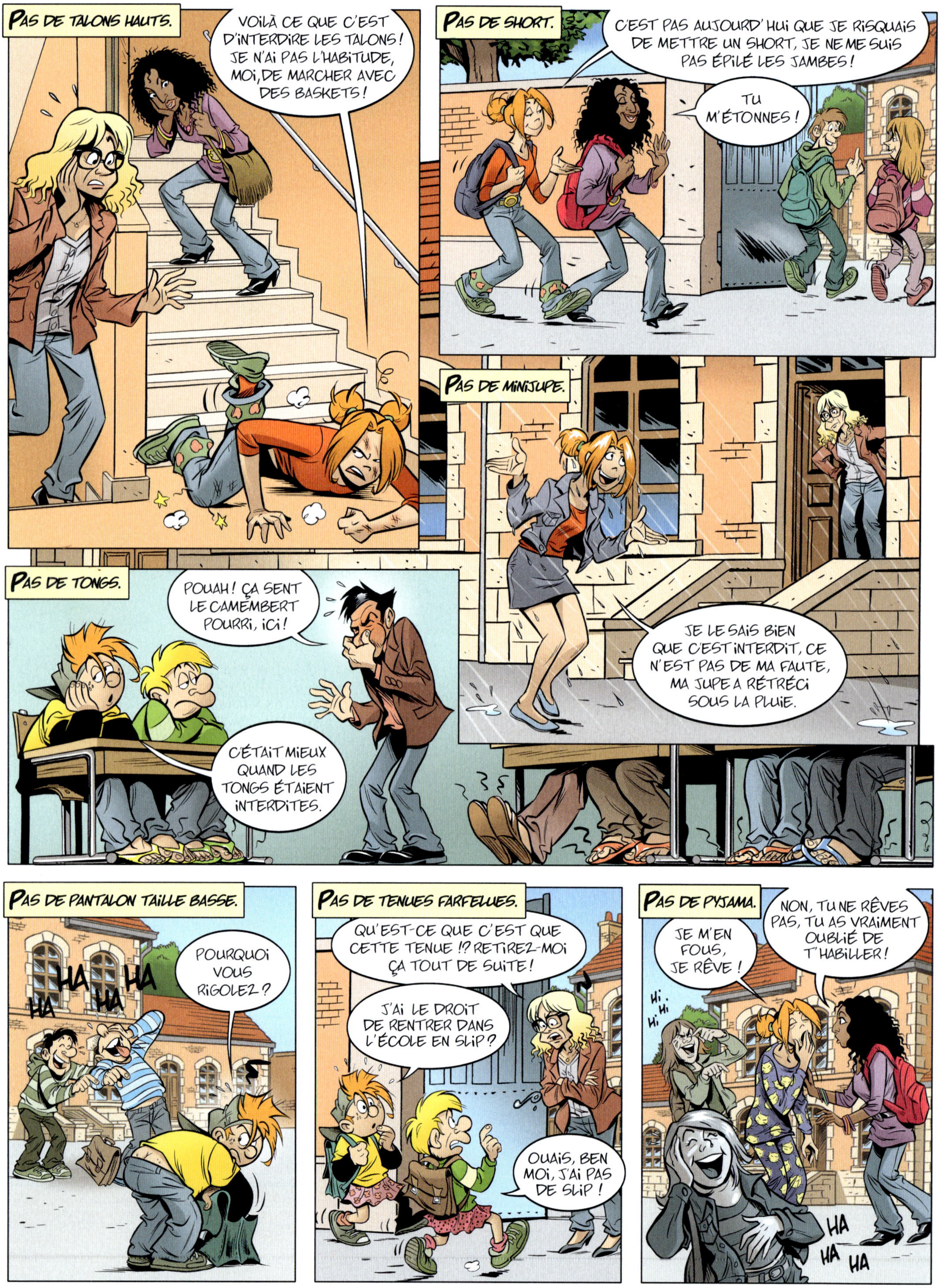

PAS DE TALONS HAUTS.
VOILÀ CE QUE C'EST D'INTERDIRE LES TALONS ! JE N'AI PAS L'HABITUDE, MOI, DE MARCHER AVEC DES BASKETS !
PAS DE SHORT.
C'EST PAS AUJOURD'HUI QUE JE RISQUAIS DE METTRE UN SHORT, JE NE ME SUIS PAS ÉPILÉ LES JAMBES !
TU M'ÉTONNES !
PAS DE MINIJUPE.
JE LE SAIS BIEN QUE C'EST INTERDIT, CE N'EST PAS DE MA FAUTE, MA JUPE A RÉTRÉCI SOUS LA PLUIE.
PAS DE TONGS.
POUAH ! ÇA SENT LE CAMEMBERT POURRI, ICI !
C'ÉTAIT MIEUX QUAND LES TONGS ÉTAIENT INTERDITES.
PAS DE PANTALON TAILLE BASSE.
HA HA HA HA HA
POURQUOI VOUS RIGOLEZ ?
PAS DE TENUES FARFELUES.
QU'EST-CE QUE C'EST QUE CETTE TENUE !? RETIREZ-MOI ÇA TOUT DE SUITE !
J'AI LE DROIT DE RENTRER DANS L'ÉCOLE EN SLIP ?
OUAIS, BEN MOI, J'AI PAS DE SLIP !
PAS DE PYJAMA.
JE M'EN FOUS, JE RÊVE !
NON, TU NE RÊVES PAS, TU AS VRAIMENT OUBLIÉ DE T'HABILLER !
HI HI HI
HA HA HA

LES PARENTS PEUVENT-ILS VENIR TE CHERCHER ?
COMME QUAND TU ÉTAIS EN PRIMAIRE, HA HA HA !!!

OUI, MAIS À CONDITION QU'ILS T'APPELLENT PAR TON PRÉNOM.
HOU HOU, MON BÉBÉ ROSE, JE SUIS LÀ !
J'LA CONNAIS PAS, J'LA CONNAIS PAS !
À CONDITION QU'ILS T'ATTENDENT DANS LA RUE D'À CÔTÉ.
BONJOUR, JE VIENS CHERCHER MON PETIT GARÇON CHÉRI...
J'LE CONNAIS PAS, J'LE CONNAIS PAS !
À CONDITION QU'ILS NE SE FASSENT PAS REMARQUER.
BAH QUOI ?
TU VOULAIS QU'ON VIENNE INCOGNITO, ON EST LÀ INCOGNITO !
J'LES CONNAIS PAS, J'LES CONNAIS PAS !
MATHS
À CONDITION QU'ILS NE TE FASSENT PAS HONTE.
C'EST QUI CES VIEUX ?
PAF
BING
J'LE CONNAIS PAS, J'LE CONNAIS PAS !
À CONDITION QUE TU N'AIES RIEN À CACHER.
NINOU, TU ES OÙ ? JE SUIS À LA SORTIE ET JE NE TE VOIS PAS !
NE ME DIS PAS QUE TU AS SÉCHÉ LES COURS !!!
À CONDITION QUE ÇA SOIT PRATIQUE POUR TOI.
ALLÔ MAMAN ! TU T'ES ENCORE TROMPÉE DE COLLÈGE. ÇA FAIT PLUS D'UNE HEURE QUE JE T'ATTENDS !!!
GE JULES VERNE

C'EST QUOI LA DISCIPLINE AU COLLÈGE ?

UNE, DEUX, UNE, DEUX !...

TU DOIS LEVER LA MAIN POUR PRENDRE LA PAROLE.
SI VOUS LEVEZ TOUS LA MAIN EN MÊME TEMPS, JE NE SAIS PLUS QUI INTERROGER !
C'EST FAIT EXPRÈS, M'DAME !
TU DOIS DEMANDER L'AUTORISATION POUR SORTIR.
POURQUOI TOUS VOS ÉLÈVES SONT-ILS DANS LA COUR ?
PARCE QU'ILS ONT DEMANDÉ L'AUTORISATION DE SORTIR, MONSIEUR LE DIRECTEUR.
ET VOUS COMPTEZ LEUR FAIRE COURS À QUEL MOMENT ?
QUAND ILS DEMANDERONT L'AUTORISATION DE RENTRER.
TU DOIS ARRIVER À L'HEURE.
MINO, TU NE T'ES PAS RÉVEILLÉ !
C'EST TROP TARD ! SI J'ARRIVE À LA BOURRE, JE SERAI PUNI, DONC JE PRÉFÈRE NE PAS Y ALLER !
TU NE SERAS PAS PUNI SI TU ES ABSENT ?
JE N'Y AVAIS PAS PENSÉ !
TU NE DOIS PLUS APPELER TES PROFESSEURS MAÎTRE OU MAÎTRESSE.
S'IL VOUS PLAÎT, MONSIEUR ZGRAZOR... ZORGVA... ZGRIVARO...
PRFF
APPELLE-MOI IVANOV-VLADIMIROVITCH GORRWUSKIA, CE SERA PLUS SIMPLE !
TU DOIS ÊTRE CALME EN CLASSE.
ET AUSSI QUAND TU SORS DE CLASSE !
DRIIIINNG
TU DOIS PARLER CORRECTEMENT AUX ENSEIGNANTS.
PAS QUESTION QUE JE FAIS DES HEURES DE COLLE !
ON DIT : "PAS QUESTION QUE JE FASSE..."
POUR LA PEINE, TU EN FERAS DEUX DE PLUS !

LES DIFFÉRENTS TYPES D'ÉLÈVES

LEQUEL ES-TU ?

QUI PEUT ME DIRE CE QU'EST UN ENGRENAGE ?
CELUI QUI DEVRAIT ÊTRE EN TROISIÈME.
C'EST UN MOUVEMENT MÉCANIQUE COMPOSÉ D'AU MOINS DEUX ROUES DENTÉES QUI SE TRANSMETTENT UN MOUVEMENT DE ROTATION...
TRÈS BIEN.
?
CELUI QUI EST TOUJOURS AU FOND DE LA CLASSE.
ZZZZZZ
LAROUSSE
CELUI QUE TOUT LE MONDE DÉTESTE.
MONSIEUR, Y'A MINO QUI DORT AU LIEU DE VOUS ÉCOUTER.
HEIN !
CELUI QUI CROIT TOUT SAVOIR.
C'EST UN GROUPE DE HARD ROCK TROP GÉNIAL !
BRAVO, ON VOIT QUE TU SUIS LES COURS, TOI !
CELUI QUI EST LE CHOUCHOU.
JE NE SAIS PAS, MONSIEUR !
CE N'EST PAS GRAVE, ALBERT ! C'EST UNE TRÈS BONNE RÉPONSE ! 20/20 !
CELUI QUE LE PROF N'AIME PAS.
MOI NON PLUS, J'SAIS PAS !
ON DIT : "JE NE SAIS PAS" ! TU AURAS ZÉRO !

COMMENT DEVENIR LE ROI DU COLLÈGE ?

IL FAUT FAIRE COMME LES POLITIQUES

INTÉRESSE-TOI AUX AUTRES.
ÇA VA NICOLAS, TA FEMME, TES ENFANTS ?
JE NE SUIS PAS MARIÉ !
ÇA VA VENIR, ÇA VA VENIR !
PARTAGE TON GOÛTER.
TU N'AS RIEN À MANGER, C'EST TOUT À FAIT NORMAL QUE JE PARTAGE AVEC TOI.
PRENDS MON PAIN, JE PRENDS LE CHOCOLAT.
DISTRIBUE DES POIGNÉES DE MAIN.
TU CROIS QU'IL VEUT ÊTRE LE ROI DU COLLÈGE, GASPARD ? PARCE QU'IL DISTRIBUE DE SACRÉES POIGNÉES DE MAIN !
FAIS JOUER TES RELATIONS.
SI TU DIS À TON POTE D'ÊTRE MON POTE, JE DIRAI À MON POTE D'ÊTRE AUSSI TON POTE !
JE NE COMPRENDS RIEN À TA POPOTE !
DONNE DE BONS CONSEILS.
POUR L'EXO DE MATHS, TU DEVRAIS REPRENDRE LES COURS DE TA FRANGINE.
J'AI PAS DE FRANGINE !
DEMANDE À TES PARENTS DE T'EN FAIRE UNE !
SOIS POSITIF.
OPITAL
JE SUIS TROP CONTENT D'ÊTRE ALLÉ À L'HÔPITAL, JE CONNAISSAIS PAS, C'EST GÉNIAL !
HI HI
URGENCES
SOIS COPAIN AVEC TOUT LE MONDE.
SALUT VIEUX, TOUJOURS AUSSI NAZE ?
VOUS POUVEZ RÉPÉTER, MINO ?
PAF
OUPS !
SI TU SUIS TOUTES CES CONSIGNES, NUL DOUTE QUE TU DEVIENDRAS LE ROI DU COLLÈGE.
JE NE SUIS PEUT-ÊTRE PAS LE ROI, EN TOUT CAS, C'EST MOI QUI AI EU LA FÈVE !

COMMENT NE PAS SE FAIRE EMBÊTER PAR LES PLUS GRANDS ?

TU AS PLUSIEURS SOLUTIONS

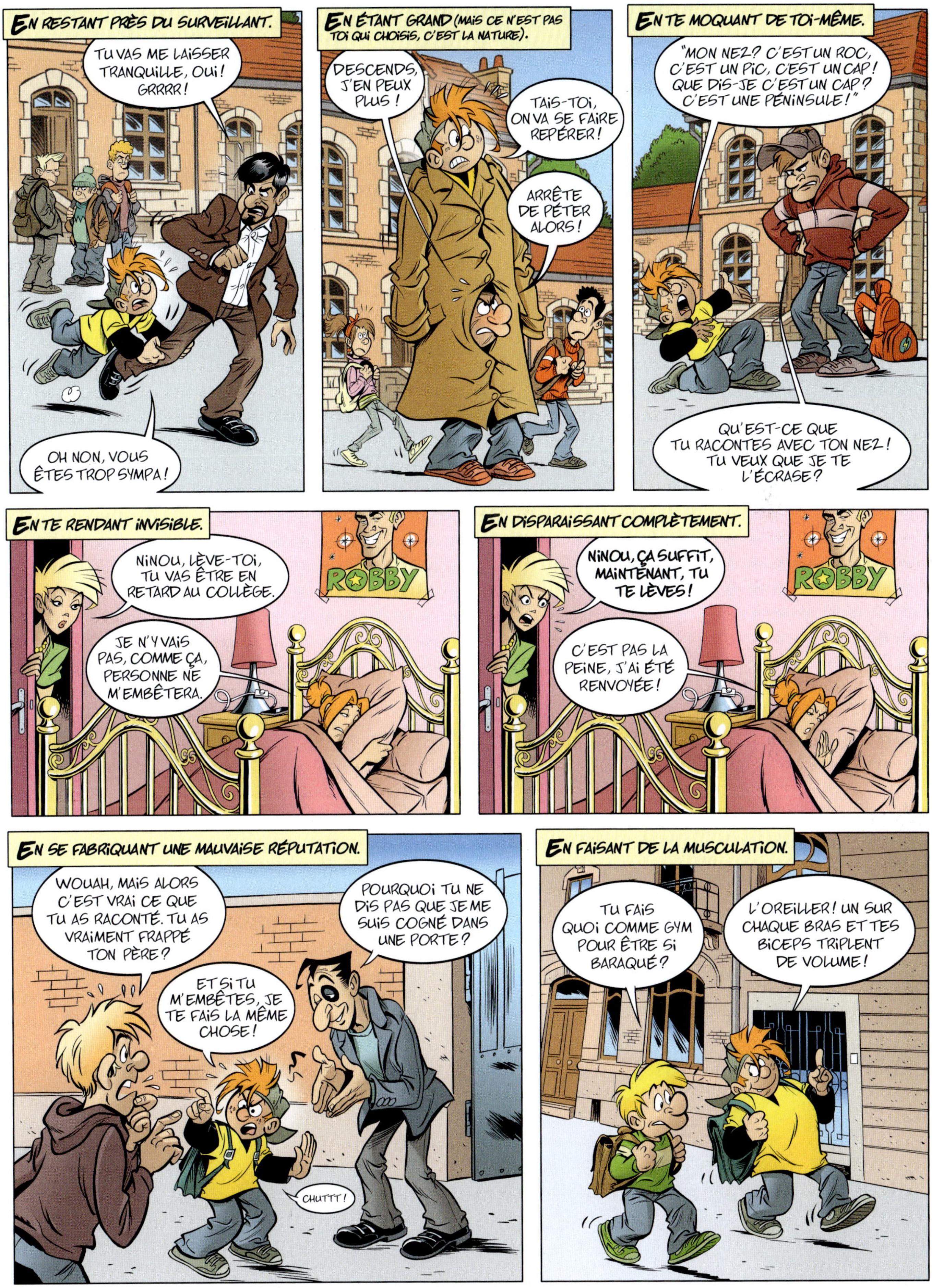
EN RESTANT PRÈS DU SURVEILLANT.
TU VAS ME LAISSER TRANQUILLE, OUI ! GRRRR !
OH NON, VOUS ÊTES TROP SYMPA !
EN ÉTANT GRAND (MAIS CE N'EST PAS TOI QUI CHOISIS, C'EST LA NATURE).
DESCENDS, J'EN PEUX PLUS !
TAIS-TOI, ON VA SE FAIRE REPÉRER !
ARRÊTE DE PÉTER ALORS !
EN TE MOQUANT DE TOI-MÊME.
"MON NEZ ? C'EST UN ROC, C'EST UN PIC, C'EST UN CAP ! QUE DIS-JE C'EST UN CAP ? C'EST UNE PÉNINSULE !"
QU'EST-CE QUE TU RACONTES AVEC TON NEZ ! TU VEUX QUE JE TE L'ÉCRASE ?
EN TE RENDANT INVISIBLE.
ROBBY
NINOU, LÈVE-TOI, TU VAS ÊTRE EN RETARD AU COLLÈGE.
JE N'Y VAIS PAS, COMME ÇA, PERSONNE NE M'EMBÊTERA.
EN DISPARAISSANT COMPLÈTEMENT.
ROBBY
NINOU, ÇA SUFFIT, MAINTENANT, TU TE LÈVES !
C'EST PAS LA PEINE, J'AI ÉTÉ RENVOYÉE !
EN SE FABRIQUANT UNE MAUVAISE RÉPUTATION.
WOUAH, MAIS ALORS C'EST VRAI CE QUE TU AS RACONTÉ. TU AS VRAIMENT FRAPPÉ TON PÈRE ?
POURQUOI TU NE DIS PAS QUE JE ME SUIS COGNÉ DANS UNE PORTE ?
ET SI TU M'EMBÊTES, JE TE FAIS LA MÊME CHOSE !
CHUTTT !
EN FAISANT DE LA MUSCULATION.
TU FAIS QUOI COMME GYM POUR ÊTRE SI BARAQUÉ ?
L'OREILLER ! UN SUR CHAQUE BRAS ET TES BICEPS TRIPLENT DE VOLUME !

COMMENT FAIRE RIGOLER LES COPAINS COPINES ?

UN PEU DE DÉTENTE, ÇA NE FAIT PAS DE MAL

EN RACONTANT DES BLAGUES.
C'EST LA MÈRE DE TOTO QUI L'ENVOIE ACHETER DU BOUDIN, ALORS IL...
T'AS PAS AUTRE CHOSE DE PLUS DRÔLE ?
C'EST BON, LES BLAGUES DE PRIMAIRES, ON LES CONNAÎT TOUTES !
ON VA TE RENVOYER EN CE2, TOI !
EN INVENTANT DES HISTOIRES.
YEAAAH
LE COURS DE FRANÇAIS EST ANNULÉ !
QU'EST-CE QUE TU DIS, MINO ?
EN TE DÉGUISANT.
TU VAS ALLER EN COURS COMME ÇA ?
ON VA SE MARRER !
C'EST FAIT EXPRÈS !
EN DISANT N'IMPORTE QUOI.
MINO, COMMENT CALCULE-T-ON LA RACINE CARRÉE DE 2304 ?
POUR FAIRE POUSSER DES RACINES CARRÉES, IL FAUT ARROSER LES PLANTES AVEC UN ARROSOIR CARRÉ.
HA HA HA
HA HA
HA HA HA
TRÈS DRÔLE, MINO ! TU AURAS 3 HEURES DE COLLE. 3 HEURES AU CARRÉ, BIEN SÛR !
EN FAISANT PEUR À TES PROFS.
C'EST TA GRIMACE QUI LUI A FAIT CET EFFET ?
NON, C'EST MON DEVOIR DE MATHS !
EN NE FAISANT RIEN.
TROP FORT, CE MINO, IL ME FAIT MOURIR DE RIRE !
QUAND LE PROVISEUR CONVOQUERA SES PARENTS, C'EST LUI QUI VA MOURIR !

LE CONSEIL DE CLASSE, C'EST QUOI ?

SAUVE QUI PEUT !!!

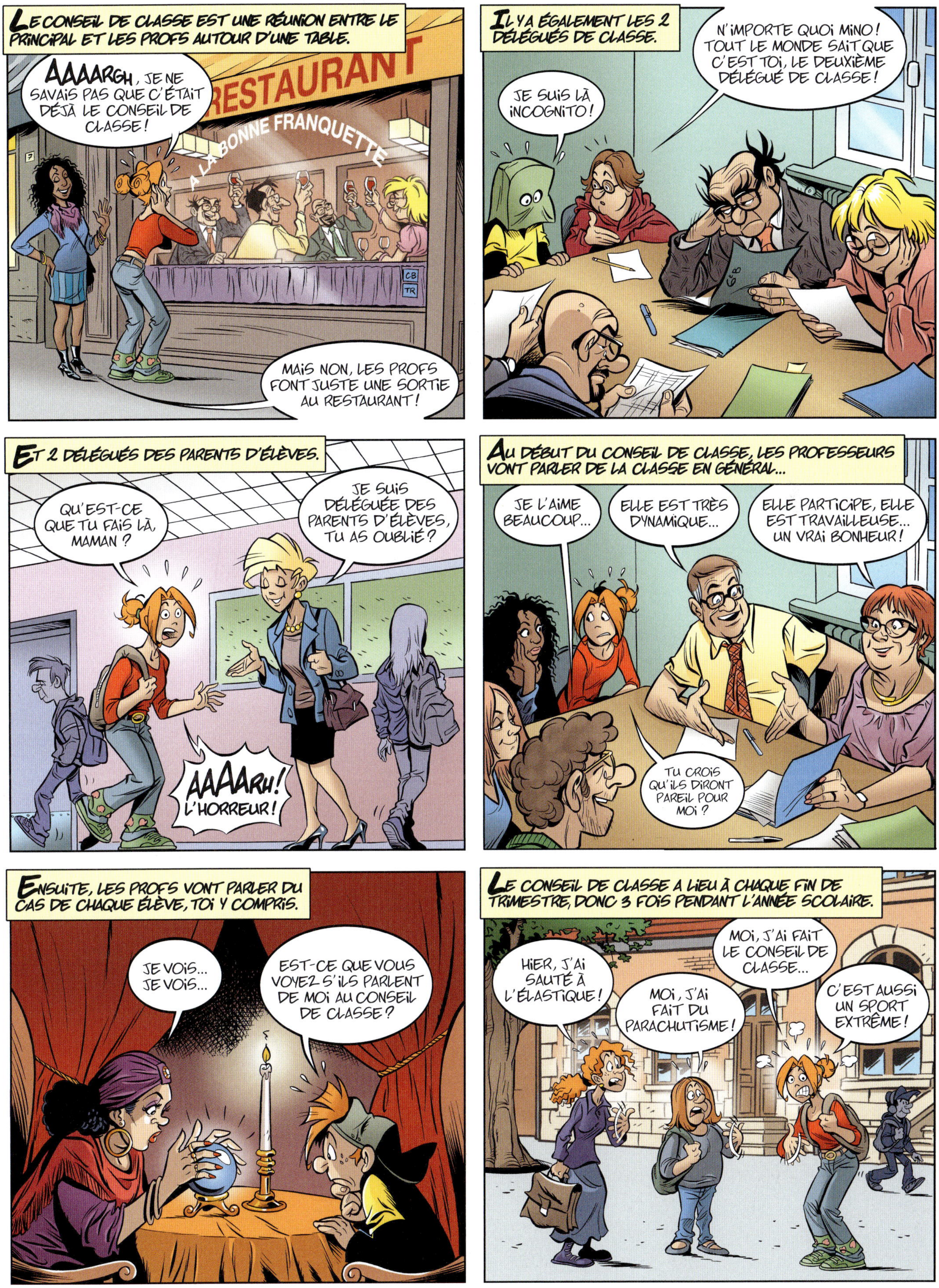
LE CONSEIL DE CLASSE EST UNE RÉUNION ENTRE LE PRINCIPAL ET LES PROFS AUTOUR D'UNE TABLE.
AAAARGH, JE NE SAVAIS PAS QUE C'ÉTAIT DÉJÀ LE CONSEIL DE CLASSE !
RESTAURANT
À LA BONNE FRANQUETTE
MAIS NON, LES PROFS FONT JUSTE UNE SORTIE AU RESTAURANT !
IL Y A ÉGALEMENT LES 2 DÉLÉGUÉS DE CLASSE.
JE SUIS LÀ INCOGNITO !
N'IMPORTE QUOI MINO ! TOUT LE MONDE SAIT QUE C'EST TOI, LE DEUXIÈME DÉLÉGUÉ DE CLASSE !
ET 2 DÉLÉGUÉS DES PARENTS D'ÉLÈVES.
QU'EST-CE QUE TU FAIS LÀ, MAMAN ?
JE SUIS DÉLÉGUÉE DES PARENTS D'ÉLÈVES, TU AS OUBLIÉ ?
AAAARH ! L'HORREUR !
AU DÉBUT DU CONSEIL DE CLASSE, LES PROFESSEURS VONT PARLER DE LA CLASSE EN GÉNÉRAL...
JE L'AIME BEAUCOUP...
ELLE EST TRÈS DYNAMIQUE...
ELLE PARTICIPE, ELLE EST TRAVAILLEUSE... UN VRAI BONHEUR !
TU CROIS QU'ILS DIRONT PAREIL POUR MOI ?
ENSUITE, LES PROFS VONT PARLER DU CAS DE CHAQUE ÉLÈVE, TOI Y COMPRIS.
JE VOIS... JE VOIS...
EST-CE QUE VOUS VOYEZ S'ILS PARLENT DE MOI AU CONSEIL DE CLASSE ?
LE CONSEIL DE CLASSE A LIEU À CHAQUE FIN DE TRIMESTRE, DONC 3 FOIS PENDANT L'ANNÉE SCOLAIRE.
HIER, J'AI SAUTÉ À L'ÉLASTIQUE !
MOI, J'AI FAIT DU PARACHUTISME !
MOI, J'AI FAIT LE CONSEIL DE CLASSE...
C'EST AUSSI UN SPORT EXTRÊME !

COMMENT CONVAINCRE LES AUTRES DE VOTER POUR TOI ?

DUR, DUR !

LE CHANTAGE.
JE TE LAISSE COPIER SI TU VOTES POUR MOI.
TU RIGOLES ? SI JE COPIE SUR TOI, JE VAIS AVOIR ZÉRO !
LA MENACE.
SI TU NE VOTES PAS POUR MOI, JE NE TE DONNE PAS DE BONBONS.
TANT MIEUX, ILS SONT MAUVAIS TES BONBONS !
L'INTIMIDATION.
OK ! EH BIEN, SI TU NE VOTES PAS POUR MOI, JE T'OBLIGE À EN MANGER !
ARGL
L'ULTIMATUM.
C'EST LUI OU MOI !
BAH ÉVIDEMMENT, VOUS ÊTES LES DEUX SEULS CANDIDATS.
LA DOMINATION.
VOTEZ POUR MOI, JE SUIS LE MEILLEUR !
TU RIGOLES ? T'ES LE PLUS NUL !
C'EST-CE QUE JE DIS... JE SUIS LE MEILLEUR... EN PARTANT DE LA FIN !
LA FLATTERIE.
SAVIEZ-VOUS QU'UN SONDAGE A DÉMONTRÉ QUE LES ÉLÈVES QUI VOTERONT POUR MOI SONT 50% PLUS INTELLIGENTS QUE LA MOYENNE NATIONALE ?
AH BON ?!

LES DIFFÉRENTS TYPES DE PROFS !

ON LES RECONNAÎT À CE QU'ILS DISENT

MINO, NE SERAIS-TU PAS FRAPPÉ D'ABOULIE ?
EUH... QU'EST-CE QUE ÇA VEUT DIRE ?
TU CHERCHERAS DANS LE DICTIONNAIRE.
PROF DE FRANÇAIS
0+0=...?
LA TÊTE À TOTO ?
NON ! LA TÊTE À MINO.
PROF DE MATHS
QU'EST-CE QUE C'EST QUE CETTE HISTOIRE ? QUE ME CHANTES-TU LÀ ?
= ?
SOLFÈGE
PROF DE MUSIQUE
HUUHUUH
MINO, TU ES VRAIMENT LE CHAMPION POUR FAIRE LE CHAHUT, TOI !
HA HA HA HA HA
PROF D'EPS
TU M'AS L'AIR D'ÊTRE UN DRÔLE DE SPÉCIMEN, TOI !
PROF DE SCIENCES
DFGYHTUÈIUÀOIÀVDF
?
TU NE COMPRENDS RIEN À CE QUE TE DIT LE PROF ? CE DOIT ÊTRE LE PROF DE LANGUES !

CE QUE TU AURAS À FAIRE...

PAS MAL DE CHOSES...

DES LEÇONS À APPRENDRE.
C'EST SA NOUVELLE MÉTHODE : APPRENDRE EN CHANTANT.
ÇA MARCHE ?
LE CARRÉ DE L'HYPOTÉNUSE EST ÉGAL À LA SOMME DES CARRÉS DES DEUX AUTRES CÔTÉS, OH YEAH !
IL A DE MEILLEURES NOTES EN CHANT.
DES EXPOSÉS.
JE VAIS VOUS PARLER DES TARENTULES...
C'EST BON MINO, C'EST PARFAIT !
JE N'AI PAS ENCORE COMMENCÉ !
C'EST PAS GRAVE, TU AS 20/20 !
DES DEVOIRS.
AU LIEU DE BOUQUINER, TU FERAIS MIEUX DE FAIRE TES DEVOIRS !
ROBBY
JE RÉVISE L'HISTOIRE DES GAULOIS, MAMAN !
DES MOTS À FAIRE SIGNER.
C'EST TON PÈRE QUI A SIGNÉ CE MOT ?
OUI, M'SIEUR !
POURQUOI IL A SIGNÉ "PAPA" ?
DES EXERCICES.
C'EST ÇA, TES EXERCICES DE MATHS ?
TU DEVRAIS PRENDRE RDV AVEC SON PROF !
12... 13... 14...
POUR TE SOUVENIR DE TOUT ÇA, IL FAUT QUE TU MANGES BEAUCOUP DE POISSON.
ENCORE ?!
C'EST BON POUR LA MÉMOIRE.
ET LES FRITES, C'EST PAS BON ?
OU ALORS, TU NOTES TOUT DANS UN AGENDA !

EST-CE QUE C'EST PLUS FACILE LA SIXIÈME ?

ÇA DÉPEND !

TU T'INQUIÈTES ? TU TE DEMANDES SI TU VAS Y ARRIVER ?
BEN OUI !
C'EST NORMAL, MAIS NE TE FAIS PAS DE SOUCI. LA 6e, C'EST BEAUCOUP PLUS FACILE...
...QUE LA 5e...
OUAIS EH BEN LA 5e, C'EST PLUS FACILE QUE LA 4e !
LA 4e, C'EST PLUS FACILE QUE LA 3e !
LA 3e, C'EST PLUS FACILE QUE LA...
C'EST BON, ON A COMPRIS !
...QUE FAIRE LE FUNAMBULE AU-DESSUS DES CHUTES DU NIAGARA...
AU SECOURS !
HA HA HA
HA HA
...QUE D'ÊTRE CHIRURGIEN...
VOUS AVEZ BIEN TOUS VOS DIPLÔMES ?
?
VOUS NE VOUDRIEZ PAS ME LES MONTRER ?
...QUE DE TRAVERSER L'ATLANTIQUE À LA NAGE.
C'EST QUAND MÊME PLUS DIFFICILE QUE TRAVERSER L'ATLANTIQUE EN BATEAU.
TAIS-TOI ET RAME !
COPAINS D'À BORD
SI CES EXEMPLES T'ONT CONVAINCU, TU SAIS CE QU'IL TE RESTE À FAIRE ?
APPRENDRE À NAGER POUR ÊTRE CHIRURGIEN AU NIAGARA ?
ZZZ
EXACTEMENT !
JE VAIS PLUTÔT FAIRE MA SIXIÈME !

LES NOUVELLES MATIÈRES ENSEIGNÉES EN SIXIÈME

POURQUOI, IL N'Y A PAS LA SIESTE ?

TECHNOLOGIE : COMPRENDRE LE FONCTIONNEMENT D'UN OBJET TECHNIQUE.
LE PROFESSEUR A ÉCRIT : "AU LIEU D'ÉCOUTER, MINO S'AMUSE AVEC SON TÉLÉPHONE PORTABLE !" TU PEUX M'EXPLIQUER ?
JE NE M'AMUSAIS PAS, J'ÉTUDIAIS SON FONCTIONNEMENT.
MUSIQUE.
ON EST DES REBELLES
BÔM BADABÔM
ARTS PLASTIQUES.
PASSE-MOI LA BOMBE ORANGE...
LANGUE VIVANTE.
Jeu sui allé ché bastien, sinié MINO
AVANT DE LEUR APPRENDRE UNE LANGUE ÉTRANGÈRE, ILS FERAIENT MIEUX DE LEUR APPRENDRE À BIEN ÉCRIRE LE FRANÇAIS...
GRRR !
SVT, SCIENCES DE LA VIE ET DE LA TERRE.
ESTIAIRE DES FILLES
À MON TOUR, MAINTENANT.
C'EST INTÉRESSANT L'ANATOMIE HUMAINE !
ATTENDS, J'AI PAS ENCORE TOUT COMPRIS !
ET LE SPORT DEVIENT UNE MATIÈRE À PART ENTIÈRE.
QU'EST-CE QUE TU AS FAIT, CETTE FOIS ?
J'AI LU LE JOURNAL INTIME DE MA FRANGINE !
GRRR

CE QUE LES PROFS N'AIMENT PAS

ET QU'IL VAUT MIEUX ÉVITER DE FAIRE...

QUE TU N'ÉCOUTES PAS.
TU PEUX RÉPÉTER CE QUE JE VIENS DE DIRE ?
BIEN SÛR, M'SIEUR ! VERCINGÉTORIX EST MORT À SAINTE-HÉLÈNE...
MINO ! ON EST EN COURS DE MATHS !
GÉOMÉTRIE
QUE TU DISSIPES TOUTE LA CLASSE.
SORTEZ VOS CAHIERS...
POIL AU NEZ !
ON VA FAIRE UNE INTERRO...
POIL AU DOS !
MINO, ÇA SUFFIT !
HA HA HA HA
HA HA HA
POIL AU ZIZI !
QUE TU FAYOTES.
ON DIRAIT DU MICHEL-ANGE !
J'ADORE COMMENT VOUS ÉCRIVEZ, M'SIEUR !
ET PIS, VOUS AVEZ DE BELLES MAINS !
C'EST QUOI, VOTRE PARFUM ?
QUE TU LE CRITIQUES.
T'AS VU SA VIEILLE COUPE DE CHEVEUX POURRIE ?
JE T'ENTENDS, MINO !
ZUT, JE CROYAIS QU'IL ÉTAIT SOURDINGUE !
ÇA AUSSI, JE L'AI ENTENDU !
QUE TU DORMES EN COURS.
NOUS ALLONS MAINTENANT ÉTUDIER LE PRINCIPE DES RÉACTIONS NERVEUSES.
ZZZ
PREMIÈRE EXPÉRIENCE : LA PEUR.
NINOU

COMMENT DORMIR PENDANT LES COURS ?

ZZZZZZZZ !

UTILISER UN LIVRE.
ARRÊTE DE RÂLER ! J'AI ACHETÉ TON LIVRE EN FORMAT POCHE PARCE QUE C'EST PLUS PRATIQUE, POINT !
MAIS PAS TERRIBLE POUR SE CACHER DERRIÈRE !!!
METTRE DES LUNETTES NOIRES.
QUELLE EST LA DROITE PERPENDICULAIRE À LA DROITE Y ?
Z
Y
ZZZZZZ
BIEN, MINO !
ÉCOUTER UNE BERCEUSE.
M'SIEUR, VOUS POUVEZ ME RÉPÉTER LE THÉORÈME DE PYTHAGORE ?
JE CROYAIS QUE ÇA T'ENDORMAIT ?
JUSTEMENT !
CHERCHER UN BON MATELAS.
TU AS BESOIN D'UN CAHIER À COUVERTURE MATELASSÉE ?
C'EST POUR QUELLE MATIÈRE ?
TOUTES CELLES QUI SONT ENNUYEUSES !
PRÉVOIR UN RÉVEIL.
MINOOOOOO !
HEIN ? QUOI ? OÙ ? QUAND ? COMMENT ?
NE PAS SE FAIRE REPÉRER.
OUF, J'AI EU PEUR, J'AI FAIT UN CAUCHEMAR, JE CROYAIS QUE LE PROF DÉCOUVRAIT QUE J'ÉTAIS EN TRAIN DE DORMIR !

COMMENT ÉVITER L'INTERRO ?

DES COMBINES TESTÉES PAR DES ÉLÈVES DE COLLÈGE

SIMULE UNE EXTINCTION DE VOIX.
a
c
b
LE THÉORÈME DE PYTHAGORE ? BIEN SÛR, JE VOUS LE RÉCITE TOUT DE SUITE... EURF... EURF !
LAISSE TOMBER, ON VERRA ÇA UN AUTRE JOUR.
YES !
ENVOIE TON VOISIN À TA PLACE.
MINO, INTERROGATION, VIENS ICI !
BASTIEN, LE PROF T'A APPELÉ !
IL A DIT MINO.
NON NON, IL A DIT BASTIEN, J'AI BIEN ENTENDU !
YES !
CACHE-TOI.
OÙ EST NINOU ? JE CROYAIS L'AVOIR VUE TOUT À L'HEURE !
ELLE EST ABSENTE AUJOURD'HUI, M'SIEUR.
YES !
FAIS SEMBLANT D'ÊTRE FOU.
GALAGLOUP BLOBLO ! BIDIGLAP BOUM-BOUM.
HA HA
HA HA
HI HI
APPELEZ L'INFIRMIER, VITE !
YES !
JOUE LES INDIGNÉS.
ENCORE MOI ? VOUS M'AVEZ DÉJÀ INTERROGÉE HIER ET AVANT-HIER ET TOUTE LA SEMAINE DERNIÈRE !
AH BON, JE NE ME SOUVIENS PAS...
YES !
COMMENT ÇA 0 PARTOUT ?
"n'a jamais répondu aux interrogations..."
C'EST QUOI, CETTE HISTOIRE ?
MINO
NINOU
NO !

OÙ FAIRE SES DEVOIRS ?

VISITE GUIDÉE

DE MULTIPLES ENDROITS SONT POSSIBLES, L'IMPORTANT, C'EST QUE TU SOIS TRANQUILLE !
THÉORÈME de PYTHAGO
DANS TA CHAMBRE : TU AS TOUT SOUS LA MAIN.
CRAYON ! RÈGLE ! ÉQUERRE !
ZIIIIH
ZIIIIH
ZIIIIH
ZIIIIH
DANS LES TOILETTES : PERSONNE POUR TE DÉRANGER.
DÉPÊCHE-TOI, MINO !
Y'A PLUS DE PAPIER !
POUR T'ESSUYER ?
POUR FAIRE MA GÉOMÉTRIE !
DANS LE SALON : TU AS DE LA PLACE.
RENDS-TOI CHACAL, OU TU ES UN HOMME MORT !
ET NAPOLÉON DIT : "RENDS-TOI, CHACAL, OU TU ES UN HOMME MORT !"
DANS LA SALLE DE BAINS : IDÉAL POUR LES EXPÉRIENCES.
"Un robinet a un débit de 25 l /mn, combien aura-t-il rempli en une heure si la baignoire a une fuite ?"
IL FAUT QUE JE FASSE UN TROU DANS LA BAIGNOIRE !
DANS LA CUISINE : POUR NOURRIR TON CERVEAU.
C'EST CHOUETTE DE FAIRE SES DEVOIRS ICI, HEIN ?
MIAMF, OUICH...
MUTELLA
CHOCO

À QUEL MOMENT FAIRE LES DEVOIRS ?

ÉTUDIONS TON EMPLOI DU TEMPS

EN RENTRANT DU COLLÈGE.
JULES CÉSAR EST UN TRIANGLE ISOCÈLE QUI FORME UNE FRONTIÈRE AVEC LES PARTICIPES PASSÉS.
AVANTAGE : TU ES ENCORE DANS L'AMBIANCE ÉTUDES.
INCONVÉNIENT : LES COURS DE LA JOURNÉE SE MÉLANGENT.
APRÈS UNE HEURE OU DEUX DE DÉTENTE.
AVANTAGE : TU ES REGONFLÉ À BLOC.
JE SUIS PRÊT !
POUR LES MATHS ?
POUR FAIRE UN FOOT AVEC BASTIEN.
INCONVÉNIENT : TU AS DE L'ÉNERGIE POUR T'AMUSER.
AU MILIEU DE LA NUIT.
AVANTAGE : TOUT EST CALME DANS LA MAISON.
HOU HOU
MATHS
HISTOIRE
FRANÇAIS
RRRRR
INCONVÉNIENT : TOUT EST TROP CALME DANS LA MAISON.
PENDANT LE PETIT DÉJEUNER.
AVANTAGE : TU AS L'ESPRIT FRAIS.
AAAAARRRGG
INCONVÉNIENT : DÉCONSEILLÉ AUX MALADROITS.
SVT
DOIS-TU EN CONCLURE QU'AUCUN MOMENT N'EST ADAPTÉ POUR FAIRE SES DEVOIRS ?
J'AI RETOURNÉ LE PROBLÈME DANS TOUS LES SENS, JE NE VOIS PAS QUAND FAIRE MES DEVOIRS !
TU VAS POUVOIR LES FAIRE SAMEDI...
PUISQUE JE VAIS TE COLLER PENDANT 4 HEURES.

DES EXCUSES QUAND ON N'A PAS FAIT SON TRAVAIL

DES BONNES ET DES MOINS BONNES

EXCUSE N°1
J'AVAIS PLUS DE STYLO !
C'EST PAS GRAVE...
TU DOIS TE SOUVENIR DE CE QUE TU AVAIS FAIT. TU VAS LE RÉCITER. AU TABLEAU !
EFFICACITÉ : 50%
EXCUSE N°2
JE N'AI PAS EU LE TEMPS DE FAIRE LE FRANÇAIS, ON AVAIT TROP DE TRAVAIL EN SCIENCES.
BONG
QUOI ?! JE VAIS ALLER VOIR LE PROF DE SCIENCES, IL VA M'ENTENDRE !
CE N'EST PEUT-ÊTRE PAS LA PEINE DE LE DÉRANGER...
EFFICACITÉ : 12%
EXCUSE N°3
J'COMPRENDS PAS, J'LE TROUVE PAS. JE L'AI FAIT, J'VOUS JURE. 8 PAGES BIEN TASSÉES. J'AI DÛ L'OUBLIER.
CE N'EST PAS GRAVE... APRÈS LES COURS, JE PASSERAI CHEZ TOI LES RÉCUPÉRER.
EFFICACITÉ : 60%
EXCUSE N°4
JE VOUS L'AI RENDU HIER, MÊME QUE VOUS L'AVEZ RANGÉ DANS VOTRE CARTABLE.
J'ESPÈRE QUE VOUS NE L'AVEZ PAS PERDU !
J'VOUS PRÉVIENS, M'SIEUR, JE NE LE REFAIS PAS !
EST-CE QUE PAR HASARD, TU ME PRENDRAIS POUR UN IMBÉCILE ?
EFFICACITÉ : 23%
EXCUSE N°5
KEUF KEUF... TENEZ, M'SIEUR... KEUF KEUF !
OUH LÀ, C'EST PLEIN DE MICROBES, ÇA !
SNIFRRR
GARDE TA COPIE, JE TE METS 20.
EFFICACITÉ : 70%
EXCUSE N°6
DONNE MON DEVOIR À MON PROFESSEUR, BRUTUS, DONNE !
VOUS ALLEZ VOIR M'SIEUR, J'AI SUPER BIEN TRAVAILLÉ.
JE TE CROIS NINOU, PAS LA PEINE, LAISSE-LUI, IL A L'AIR D'AVOIR FAIM.
GROUMPF
EFFICACITÉ : 90%

Y A-T-IL DES PUNITIONS AU COLLÈGE ?

JAMAIS...

... SAUF SI TU ES EN RETARD !
QUATRE RETARDS D'UNE DEMI-HEURE CETTE SEMAINE, DEMAIN, TU VIENS DEUX HEURES PLUS TÔT.
L'ÉCOLE SERA FERMÉE !
JE L'OUVRIRAI POUR TOI !
... SAUF SI TU NE FAIS PAS TES DEVOIRS !
TU N'AS PAS FAIT TON EXERCICE. TU VAS FAIRE LE TOUR DE LA COUR EN MARCHANT SUR LES MAINS, ÇA T'APPRENDRA !
ÇA M'APPRENDRA QUOI ?
À MARCHER SUR LES MAINS !
... SAUF SI TU ES MALPOLI !
TOUT ÇA COMME DEVOIRS ? VOUS CRAIGNEZ, M'SIEUR !
BONNE IDÉE, TOUT LE MONDE ME CONJUGUE LE VERBE CRAINDRE À TOUS LES TEMPS.
... SAUF SI TU CASSES QUELQUE CHOSE !
TU NE VIENS PAS DANS LA COUR ?
JE DOIS D'ABORD RÉPARER LA PENDULE...
T'EN A AU MOINS POUR SIX MOIS.
... SAUF SI TU ES TROP SOUVENT ABSENT !
MINO, TU AS ÉTÉ ABSENT CINQ FOIS CE MOIS-CI, TU SERAS COLLÉ SAMEDI ! COMPRIS ?
MINO, JE TE PARLE, TU RÉPONDS ?!
IL EST ABSENT, M'SIEUR !
... SAUF SI TU NE FAIS PAS TES PUNITIONS !
TU N'ES PAS VENU PLUS TÔT, TU N'AS PAS FAIT LE TOUR DE LA COUR, TU N'AS PAS CONJUGUÉ TON VERBE, TU N'AS PAS RÉPARÉ LA PENDULE, TU N'AS PAS FAIT TES HEURES DE COLLE...
POUR LA PEINE, TU N'AS PLUS DE PUNITION...
YES !
TU ES RENVOYÉ !

PETIT POINT SUR LA TRICHE

PARLONS DE ÇA SANS TRICHER

AU COLLÈGE, C'EST COMME EN PRIMAIRE, TU PEUX TRICHER. BONNE NOUVELLE, N'EST-CE PAS ?
PARDON, MONSIEUR LE DIRECTEUR, QUEL EST LE PROFESSEUR QUI NOUS APPREND À TRICHER ?
VIENS DANS MON BUREAU, JE VAIS TE DONNER UN COURS PARTICULIER !
C'EST CHOUETTE !
PAR EXEMPLE, TU PEUX GLISSER DES ANTISÈCHES DANS DES CACHETTES SUR TOI...
J'CONNAIS, JE LE FAISAIS DÉJÀ EN CM1
TU PEUX COPIER SUR TON VOISIN, MAIS ATTENTION DE NE PAS TE FAIRE PRENDRE, C'EST UNIQUEMENT QUAND TON PROFESSEUR A LE DOS TOURNÉ.
AH D'ACCORD !
TU PEUX REGARDER DANS UN LIVRE EN CACHETTE, MAIS TU DOIS METTRE DES REPÈRES POUR SAVOIR OÙ FOUILLER.
AH OUI, SINON C'EST TROP COMPLIQUÉ !
C'EST GÉNIAL ! AVEC TOUS CES PLANS, JE N'AI PLUS BESOIN D'APPRENDRE MES LEÇONS.
C'EST FAIT POUR ÇA, L'ÉCOLE, C'EST FAIT POUR NE PAS APPRENDRE.
QUAND JE PENSE À TOUTES CES ANNÉES QUE J'AI PASSÉES À SAVOIR MES LEÇONS, J'EN AI PERDU DU TEMPS !
MERCI POUR TOUS CES CONSEILS.
TIENS...
C'EST QUOI ?
LE DÉTAIL DES 100 HEURES DE COLLE QUE TU VAS FAIRE CE TRIMESTRE POUR TOUT CE QUE TU VAS TRICHER DANS LES SEMAINES QUI VIENNENT !

LE STRESS DANS TOUS SES ÉTATS !

SOS PANIQUE !

POUR FAIRE LE MALIN AVEC LES COPAINS, TU N'ES PAS LE DERNIER...
C'EST QUI LE KING ?!
WHA HA HA
HA HA
HA HA
MAIS QUAND TU TE RETROUVES TOUT SEUL DANS TON SLIP DEVANT TOUTE LA CLASSE, C'EST UNE AUTRE AFFAIRE !
TU ROUGIS...
EH BEN... EUH... ALORS...
la réponse est
TU TRANSPIRES...
TU OUBLIES CE QUE TU DOIS DIRE...
TU TREMBLES COMME UNE FEUILLE MORTE...
TU PARLES DOUCEMENT.
TU VOUDRAIS DISPARAÎTRE AU FOND D'UN TROU DE SOURIS !
MINO, TU VIENS FAIRE TON EXPOSÉ ?
NOOOOON !
POUR VAINCRE LE STRESS, ENTRAÎNE-TOI À PARLER EN PUBLIC.
EN 336 AV. J.-C., ALEXANDRE SUCCÈDE À SON PÈRE SUR LE TRÔNE DE MACÉDOINE. IL A 20 ANS ET VA RAPIDEMENT S'IMPOSER COMME L'UN DES PLUS GRANDS CONQUÉRANTS DE L'HISTOIRE. C'EST POUR CELA QU'ON LE NOMME "ALEXANDRE LE GRAND" !
ET TOUT IRA MIEUX !
C'EST BON, JE SUIS SUPER À L'AISE, JE VAIS ASSURER.
BON ÇA Y EST, TU AS FINI, JE PEUX RÉCUPÉRER MES PELUCHES ?

LE PORTABLE PEUT-IL SERVIR EN CLASSE ?

AH OUI, C'EST TRÈS UTILE !

TU PEUX TE FAIRE AIDER.
MINO, QUAND ON DIT "LA VOITURE A DÉMARRÉ", À LA FIN, C'EST "É" OU "ER" ?
C'EST "EZ" JE CROIS.
TU PEUX AIDER.
ATTENDS, JE CHERCHE... C'EST LÀ : MARIE-ANTOINETTE EST NÉE EN 1770 ET MORTE EN 1793.
EH BEN DIS DONC, ELLE A PAS FAIT DE VIEUX OS, LA TOINETTE !
TU PEUX COMMUNIQUER.
MAMAN, JE RENTRERAI PLUS TARD CE SOIR, ON A ENCORE DES HEURES DE COLLE !
PASSE-MOI TON PROF, JE VAIS LUI DIRE DEUX MOTS !
TU PEUX JOUER.
QUELQU'UN A RÉVISÉ LES VERBES ANGLAIS IRRÉGULIERS ?
YES !
BIP
BIP
VIENS AU TABLEAU NOUS LES RÉCITER...
TU PEUX ALLER SUR INTERNET.
TU CONNAIS LA LEÇON, TOI ?
PAS DU TOUT, JE RECOPIE WIKIPÉDIA.
TU PEUX FAIRE DES PHOTOS.
AJOUTE-LUI UNE MOUSTACHE !
AH OUI, TROP DRÔLE !
TU PEUX MÊME TE FAIRE RENVOYER !
NINOU REGARDE SES MAILS PENDANT LES COURS, ELLE TRICHE, ELLE JOUE... ET ELLE FAIT DES PHOTOS DÉSOBLIGEANTES DE SES PROFESSEURS !
CE N'EST PLUS POSSIBLE, IL FAUT LUI CONFISQUER SON PORTABLE !

RÉUNION PROFS/PARENTS : LE GUIDE DE SURVIE !

AÏE !
IL EST TOUJOURS BON D'ASSISTER AUX RÉUNIONS.
NOOOOOON ! J'VEUX PAS Y ALLER !
CELA TE PERMET DE TE DÉFENDRE SI TU N'ES PAS D'ACCORD AVEC CE QU'ON DIT SUR TOI.
BRIGITTE EST UNE ÉLÈVE BRILLANTE !
ELLE A T'APPELÉ BRIGITTE !
T'INQUIÈTE, C'EST UN SURNOM QU'ELLE ME DONNE !
AH BON !
CELA TE PERMET DE VOIR TON PROF SOUS UN AUTRE ANGLE.
J'AVAIS JAMAIS REMARQUÉ QU'ELLE AVAIT AUTANT DE BOUTONS SUR LA FIGURE !
6°B
CELA TE PERMET DE PARLER PLUS LIBREMENT À TON PROF.
JE SAIS POURQUOI VOUS ME METTEZ TOUJOURS DES SALES NOTES.
?
C'EST POUR FAIRE CROIRE QUE VOUS ME DÉTESTEZ ALORS QUE VOUS ÊTES DINGUE DE MOI, PAS VRAI ?
CELA PERMET À TES PARENTS DE MIEUX TE COMPRENDRE.
VOUS PARTEZ DÉJÀ ? MAIS ON N'A PAS FINI !
VOUS COMPRENEZ MAINTENANT POURQUOI JE SÈCHE LES COURS DE MATHS ?
ATTENTION TOUT DE MÊME AUX SURPRISES !
MINO EST TON FILS ? J'EN REVIENS PAS !
TU ES LE PROF DE MINO ? INCROYABLE !
TON PROF EST L'EX MEILLEUR COPAIN DE TON PÈRE...
!
JE VAIS T'EN RACONTER DE BIEN BONNES SUR TON FILS...
AAARGH !

LA 6e IDÉALE
ON PEUT TOUJOURS RÊVER

UNE 6e OÙ TOUS TES COPAINS SONT LÀ.
SI VOUS TRAVAILLEZ BIEN, L'ANNÉE PROCHAINE VOUS PASSEREZ EN SIXIÈME ET VOUS SEREZ TOUS ENSEMBLE !
M'DAME, SI ON TRAVAILLE MAL ET QU'ON REDOUBLE, ON SERA TOUS ENSEMBLE AUSSI ?
UNE 6e OÙ IL N'Y A PAS DE DEVOIRS.
VOUS N'AUREZ PAS DE DEVOIRS DE TOUTE L'ANNÉE !...
OUAIIIS !
MAIS VOUS AUREZ LE DOUBLE DE LEÇONS !
OOOOOOH !
UNE 6e OÙ IL N'Y A PAS DE PROFS.
AUJOURD'HUI, C'EST MOI QUI FAIS COURS, ON VA APPRENDRE À UTILISER UNE CONSOLE LES YEUX BANDÉS.
OH NON, J'AVAIS ENVIE DE FAIRE DES MATHS !
UNE 6e QUATRE ÉTOILES.
ROYAL HAMBURGER ET SES POMMES FRITES SAUCE KETCHUP...
VOUS ME SERVIREZ UN JUS D'ORANGE BIEN FRAPPÉ, CHARLES !
TOUT DE SUITE, MONSIEUR MINO.

TOUT POUR RÉUSSIR TON ANNÉE

UN PROGRAMME MERVEILLEUX

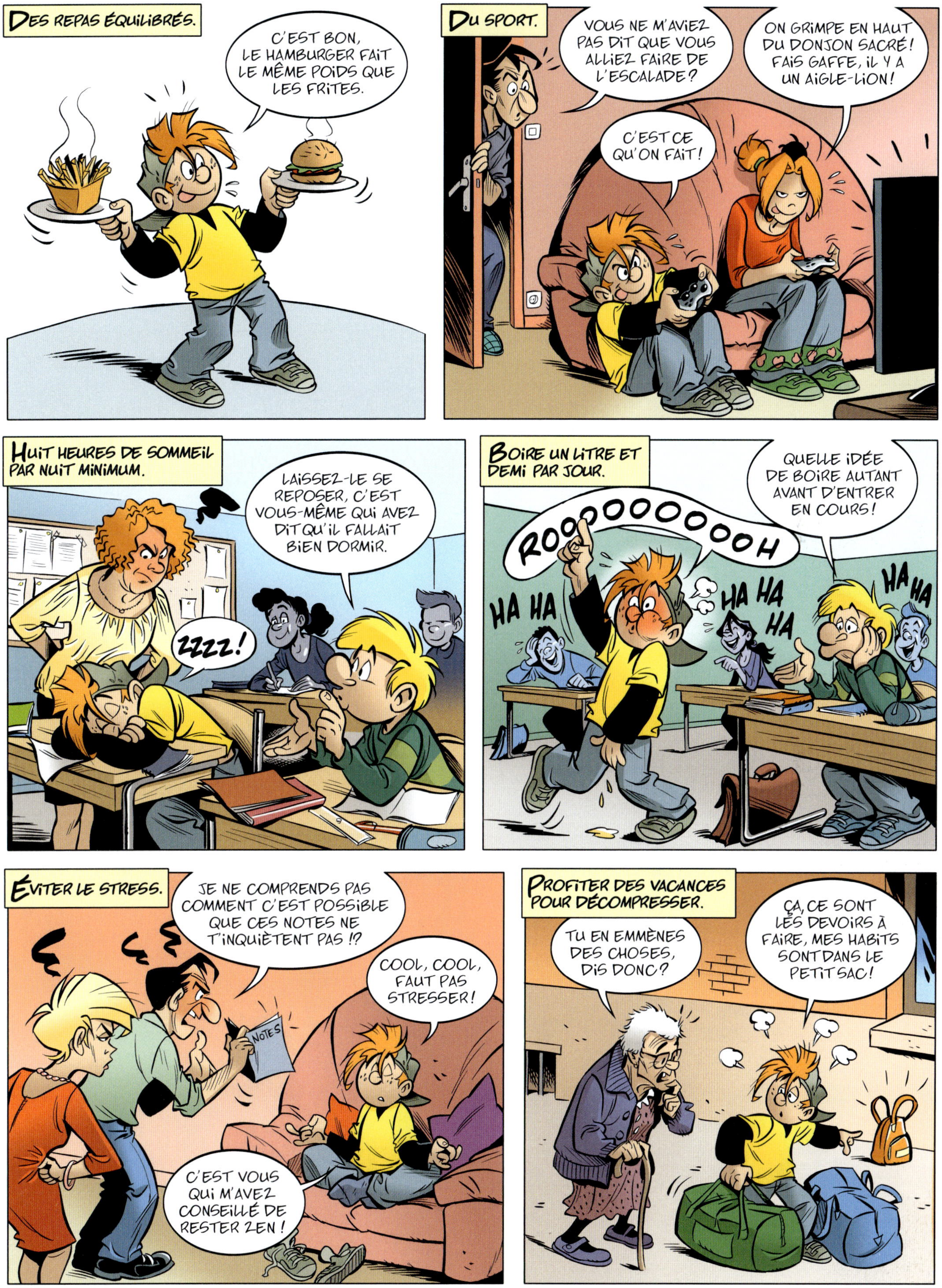

DES REPAS ÉQUILIBRÉS.
C'EST BON, LE HAMBURGER FAIT LE MÊME POIDS QUE LES FRITES.
DU SPORT.
VOUS NE M'AVIEZ PAS DIT QUE VOUS ALLIEZ FAIRE DE L'ESCALADE ?
ON GRIMPE EN HAUT DU DONJON SACRÉ ! FAIS GAFFE, IL Y A UN AIGLE-LION !
C'EST CE QU'ON FAIT !
HUIT HEURES DE SOMMEIL PAR NUIT MINIMUM.
LAISSEZ-LE SE REPOSER, C'EST VOUS-MÊME QUI AVEZ DIT QU'IL FALLAIT BIEN DORMIR.
ZZZZ !
BOIRE UN LITRE ET DEMI PAR JOUR.
ROOOOOOOOOOH
QUELLE IDÉE DE BOIRE AUTANT AVANT D'ENTRER EN COURS !
HA HA
HA HA HA
HA HA
ÉVITER LE STRESS.
JE NE COMPRENDS PAS COMMENT C'EST POSSIBLE QUE CES NOTES NE T'INQUIÈTENT PAS !?
NOTES
COOL, COOL, FAUT PAS STRESSER !
C'EST VOUS QUI M'AVEZ CONSEILLÉ DE RESTER ZEN !
PROFITER DES VACANCES POUR DÉCOMPRESSER.
TU EN EMMÈNES DES CHOSES, DIS DONC ?
ÇA, CE SONT LES DEVOIRS À FAIRE, MES HABITS SONT DANS LE PETIT SAC !

ET ALORS, POURQUOI C'EST SUPER LA SIXIÈME ?

PARCE QUE TU VAS APPRENDRE PLEIN DE NOUVELLES CHOSES.
QUOI ? PIERRE A QUITTÉ JUSTINE ? ZOÉ A QUITTÉ DIMITRI ? LAÏNA A QUITTÉ HUGO ?
NAAAAAN !
Siiiiiiiiii !
PARCE QUE TU VAS TE FAIRE PLEIN DE NOUVEAUX AMIS.
MINOUNET... TE VOILÀ ENFIN !
AAAARGH
HA HA HA HA HA HA
PARCE QUE TES PARENTS VONT ENFIN TE CONSIDÉRER COMME UN GRAND.
VOUS VOULEZ DIRE QUE JE PEUX REGARDER LA TÉLÉ AVEC VOUS LE SOIR ?
EH OUI !
QUOI ?
GÉNIAL, JE NE SUIS PLUS OBLIGÉ DE ME CACHER DERRIÈRE LE CANAPÉ !
PARCE QUE BEAUCOUP D'ADULTES AIMERAIENT ÊTRE À TA PLACE.
BONNE JOURNÉE !
À CE SOIR !
TRAVAILLEZ BIEN !

Après *Les Guides en* **BD**

et **Les guides junior**

voici les premiers Guides au **Féminin**

Les femmes aussi ont droit à leurs Guides en BD !

Les Guides au féminin
je cherche le grand amour !
VENTS D'OUEST

Tome 2
Je cherche le grand amour !

Les Guides au féminin
je suis une super maman !

Tome 3
Je suis une super maman !

Les Guides au féminin
je veux l'homme parfait !
Jules
VENTS D'OUEST

Tome 1
Je veux l'homme parfait !

Les Guides au féminin
je suis célibataire et j'aime ça !
VENTS D'OUEST

Tome 4
Je suis célibataire et j'aime ça !

La nouvelle série
indispensable aux filles,
qui évite les rides en détendant
les zygomatiques !

VENTS D'OUEST

Les Guides en BD

le Guide du JEUNE PÈRE
le Guide du JEUNE COUPLE
le Guide du SELF-CONTROL À L'USAGE DES CONDUCTEURS
le Guide indispensable du PETIT COIN
le Guide de SURVIE À L'USAGE DES PARENTS
le Guide de LA QUARANTAINE
le Guide de la DRAGUE
le guide de la Télé
le Guide de LA RETRAITE
le Guide des AMIS
le Guide de LA TRENTAINE
le Guide de LA CINQUANTAINE
le Guide du BEAU-FRÈRE ET DE LA BELLE-SŒUR
le Guide du JOYEUX ANNIVERSAIRE
le Guide de L'ANTI-BOULOT
le Guide de L'AMOUR
le Guide de la JEUNE MÈRE
le Guide des GRANDS-PARENTS
le Guide du BÉBÉ
le Guide du SEXE
le Guide de la BELLE-MÈRE ET DU BEAU-PÈRE
le Guide du MARIAGE
le guide des Vacances
le guide du Ras-le-bol
le Guide de LA SOIXANTAINE
le Guide du CÉLIBATAIRE
le guide du Fric
le guide des Voisins
le guide de la Bonne Bouffe
le guide de la Sexualité du docteur Big Love
le Guide de LA VINGTAINE
le guide de la famille recomposée
le guide des Fantasmes du docteur Big Love
le guide des Fonctionnaires
le guide des Sportifs
le guide de la Fête
le Guide des MÔMES
le Guide des FRÈRES ET SŒURS
le Guide des 18 ANS
le Guide des CHATS
le Guide des ÉCOLOS
le Guide du CHOCOLAT
le Guide des PROFS
le Guide des FEMMES
le Guide de L'ÉTUDIANT
le Guide des HOMMES
le Guide de L'ANNIVERSAIRE DE MARIAGE

Les guides junior

Le guide junior des GARÇONS
Le guide junior des FILLES
Le guide junior pour bien ÉLEVER les PARENTS
Le guide junior du JOYEUX ANNIVERSAIRE
Le guide junior de l'ÉCOLE
Le guide junior spécial LOVE
Le guide junior des dingues de JEUX VIDÉO
Le guide junior des BÊTISES à ne pas faire
Le guide junior pour devenir une STAR
Le guide junior pour bien ÉDUQUER tes PROFS
Le guide junior pour bien DRESSER ses frères et sœurs
Le guide junior pour avoir un max d'ARGENT de POCHE
Le guide junior pour être SUPER GÉNIAL
Le guide junior des COPAINS et des COPINES
Le guide junior de la RIGOLADE
Le guide junior de tes 10 ANS
Le guide junior de LA RÉCRÉ
Le super dico des juniors
Le super guide des juniors
Le Super album des guides junior

Les Guides au féminin

Les Guides au féminin
je veux l'homme parfait !
Les Guides au féminin
je cherche le grand amour !
Les Guides au féminin
je suis une super maman !
Les Guides au féminin
je suis célibataire et j'aime ça !

Tu as peur de ne pas être assez bon en classe ?

C'est normal, tous les élèves
ont la même angoisse quand
ils entrent au collège.

Rassure-toi,
même si tu ne travailles pas bien,

nous avons la solution.

Découpe le certificat ci-contre
et montre-le à tes professeurs
après y avoir ajouté ton nom.
Grâce à lui, tu n'auras plus aucune
mauvaise note. Fini le stress pour
toi et pour tes parents, grâce à
ce Guide Junior, tu es devenu
un bon élève !